U0839435

这个明朝真好玩儿

占芳——著

北京联合出版公司
Beijing United Publishing Co.,Ltd.

图书在版编目（CIP）数据

这个明朝真好玩儿 / 占芳著. — 北京 : 北京联合出版公司, 2018.12

ISBN 978-7-5596-2778-0

Ⅰ. ①这… Ⅱ. ①占… Ⅲ. ①中国历史—明代—通俗读物 Ⅳ. ①K248.09

中国版本图书馆CIP数据核字（2018）第251539号

这个明朝真好玩儿

著　　者：占　芳

责任编辑：牛炜征

产品经理：闫丹丹

特约编辑：王云欢

版式设计：刘　宽

北京联合出版公司出版

（北京市西城区德外大街83号楼9层　100088）

三河市冀华印务有限公司印刷　新华书店经销

字数161千字　880毫米×1230毫米　1/32　7.75印张

2018年12月第1版　2018年12月第1次印刷

ISBN 978-7-5596-2778-0

定价：39.80元

未经许可，不得以任何方式复制或抄袭本书部分或全部内容

版权所有，侵权必究

如发现图书质量问题，可联系调换。质量投诉电话：010-82069336

第一章

如何在明朝做一个吃货

第二章

明朝人的穿搭指南

第三章

明朝人闲暇时都在玩什么

第四章

明朝风俗知多少

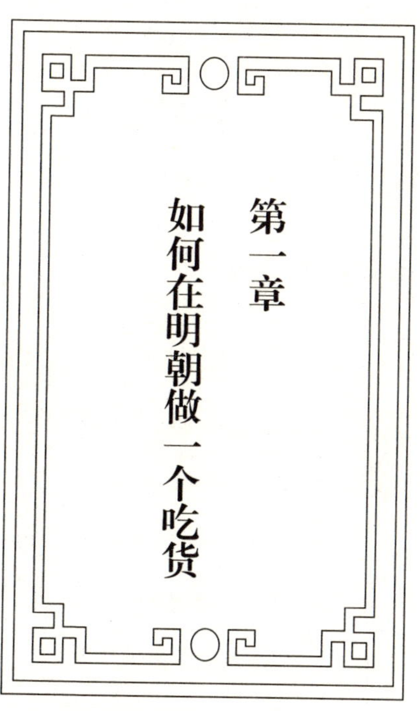

第一章 如何在明朝做一个吃货

分餐，一种奢侈餐仪的衰落

分餐制，可以看作改善不良饮食习惯的一种生活方式。

西方现今依然是分餐制，可这分餐制的发明还真有中国人的份儿。

数千年来，分餐都是中国贵族阶层的用餐仪式。直到唐代的某一天，高座家具出现，人们一看，这分餐文绉绉的，喝酒真不过瘾，还浪费，于是弄一个大桌，有肉一块吃，有酒大家一起喝……

《金瓶梅》[1]是明代人所写的一本奇书，食、色为全书主线，分餐、共餐并存。但是如果细品，便会发现，那时，分餐还真是格调很高的进餐方式，而共餐却多为随便的家常吃饭及平头百姓的饮食方式。

[1] 本书中的《金瓶梅》引用文句以人民文学出版社“大中华文库·汉日对照版”为参照。——编者注

（一）

古代咱吃货老祖宗们为保证生产力发展，只能平均分配食物。我们是个礼仪之邦，干什么都讲规矩。饭，天天都吃，吃饭的时间是最好的教化机会，因而从吃饭演变出了礼数。

人从来都以食为天，多牛的人都得吃饭。周朝时，人们席地而坐开吃，贵族们将餐饮礼仪等级化，这是“治大国，若烹小鲜”的王术。至于平民，能吃上饭就不错了，谁还管什么劳什子分餐还是共食！

《周礼·司几筵》记载：“铺陈曰筵，藉之曰席。”这是贵族们定的。“筵”与“席”的本义可以理解成：筵长大，而席却短小。一般先铺筵在地上，筵上放席子。

筵席开启了王权饮食文化。周天子铺上五重席，坐在上面显得比别人更高大威猛也更舒服，下面其他的官儿老爷们就铺二重席。铺完筵席，天子得摆九个“鼎”盛菜，王摆上七个“鼎”，大夫五个“鼎”，小官三个“鼎”。

这些都只是仪式，是给下面的人看的。

几千年时光，分餐这样的规矩一直是官宦的标配。

有时候，分餐也挺耽误事儿的。

《史记·孟尝君列传》载：战国四公子之一孟尝君田文在家里招待数千门客，无论贵贱，都同自己吃一样的食物。

一天，田文宴请新来投靠的门客，有人无意挡住了灯光，有一位门客以为自己吃的饭与田文有差别，起身就要离去。田文赶紧端起自己的饭菜给他看——原来他们所吃的都是一样的，门客愧容满面，当下拔剑自刎。

这是分餐的坏处。一个桌上吃饭哪来这样的误会？

不过，这门客的派头也忒大了点儿，非要与主人吃一样的饭，可见那会儿这群人的理想也就是一顿饭。

主人给你看的，都是他想给你看的。这么点道理都不懂，自刎也算他自作孽不可活了。

古代的正史无非就是帝王将相，可从不专写吃饭，这让国人至今还蒙在鼓里，以为西餐那样叫卫生、叫文明。

但是，《金瓶梅》里却告诉你：至少到明末，分餐制度，在中国人吃饭这件事上仍然是很有范儿的举动。

《金瓶梅》第41回，西门庆的儿子官哥与乔大户家女儿说娃娃亲，到乔家吃结亲酒。这是个挺隆重的宴会，分餐是必须的。大厅“正面设四张桌席。让月娘坐了首位，其次就是尚举人娘子、吴大妗子、朱台官娘子、李娇儿、孟玉楼、潘金莲、李瓶儿，乔大户娘子关席。坐位傍边放一桌，是段大姐、郑三姐共十一位堂客”。前后落座。

十一个人一共设了五张桌子，四桌正席，一桌陪席，乔家女主人关席。

而西门家大老婆吴月娘最尊贵，坐主席位，独桌！当然，这个位置上的人是要打赏厨子的。

“厨役上来献了头一道水晶鹅，月娘赏了二钱银子。第二道是顿烂烤蹄儿，月娘又赏了一钱银子。第三道献烧鸭，月娘又赏了一钱银子。”

分餐就是这个规矩，主席位的人最主要。但你一定有主席的样儿，抠抠搜搜的那就丢人现眼了。

（二）

不少专家都说：“共食制应该出现在唐代。”理由是那会儿引进了胡人的高桌大椅，饮食方式随之改变。

可要我说，中国从吃饭出现时，便有了共餐，只是这种方式大多存在于社会底层。你想想，如果分餐，平民得多准备出多少饭菜？！

唐代时椅子就已经很流行了。敦煌473窟唐代《宴饮图》壁画：凉亭内摆着个长方食桌，两侧有高足条凳，凳上面对面地坐着九位规规矩矩的男女。食桌上摆满大盆小盏，每人面前各有一副匙箸配套的餐具，大家在共餐。

不过，就《金瓶梅》一书来看，尽管分餐与共餐同时存在，但是两者区别还是挺大的。

家里吃饭、朋友酒桌娱乐基本上都是共餐。而讲排场、显礼节时，分餐却是常态。

《金瓶梅》第68回，西门庆被黄四请到妓女郑爱香、郑爱月儿家，这算是非常正式的宴请，却搞了分餐仪式。

“不一时，收拾果品案酒上来，正面放两张桌席：西门庆独自一席，伯爵与温秀才一席。留空着温秀才座位在左首。傍边一席李三和黄四，右边是他姊妹二人。”

流行于官场、讲究面子的分餐，被拿到妓院里，场面确实够隆重了，但总是有些别扭。

礼仪一多，人就得端着，面具就放不下，还不如共餐，同吃同乐。

《金瓶梅》第21回，西门庆与众妻妾喝酒赏雪：“于是在后厅明间内，设石崇锦帐围屏，放下轴纸梅花暖帘来，炉安兽炭，摆列酒筵。”

这是家庭聚会，最适合共餐了。当然，座次上也不能含糊，尊卑有序是西门家的家风。

“西门庆与月娘居上座，其余李娇儿、孟玉楼、潘金莲、李瓶儿、孙雪娥并西门大姐，都两边打横。”

这共餐实惠，起码这菜就可以多人共享。尽管明代一桌普通酒席费用不算高，但西门家此次家宴共费银“三两一钱”，一般一桌酒也就一两银子。

吃饭这件事，总是内外有别。《金瓶梅》第36回，西门庆在家接待蔡状元与安进士。这两个新科及第的学子，此时，前途无量。蔡蕴官拜秘书正字。而安凤山，现除工部观政。

“秘书正字”是从八品小官（因为是状元才授的），负责打字校对；而“除工部观政”，士子进士及第后并不立即授官，也就没有官品，而是被派遣至六部九卿等衙门实习政事，这就是明代进士观政，相当于现在的实习生。

但是，对于这两个未来的潜力股、“大蓝筹”，西门庆还是在家花园卷棚内“大厅正面设两席，蔡状元、安进士居上，西门庆下边主位相陪”。

这是分餐，应该是蔡、安各占一主席，西门庆坐在下面副席相陪。尽管当时的西门庆身居副千户从五品，但他为了笼络两人，反而在分餐上以客为尊。

（三）

日本学者木村春子等人在《中国食文化事典》中说：“古代的中国，实行每人一份的分餐制；食案排列，如同席地便餐那样，人们是坐在席垫上进食的。这种饮食方式被朝鲜半岛和日本继承了。”

古代日、朝这两个国家，只知追随，不知道这分餐制很浪费的吗？浪费归浪费，但这事关中国古代有钱有权人的排场，必须讲究，不讲究会让人笑话的。

宋代《东京梦华录》载，某王过生日，使臣诸卿“凡御宴至第三盏，方有下酒肉、咸豉、爆肉、双下驼峰角子；第四盏下酒是子骨头、索粉、白肉胡饼；第五盏是仙、天花饼、太平毕罗、干饭、缕肉羹、莲花肉饼；第六盏假圆鱼、密浮酥捺花……”反正每人面前都堆九层盘子。

到明代时，在自己家吃饭，少有分餐的，可如果是请客——特别是有身份的人请其他有身份的人，这个分餐制非施行不可。

“乡里之人，无故宴客者，一月凡几，客必专席，否则耦席，未有一席而三四人共之者也。肴果无算，皆取诸远方珍贵之品。”（万历《通州志·卷二·风俗》）

那时候，请客分餐，两人一席已经是底线了，三四人共席，可就有点不恭了。

排场是明朝人的硬实力，一讲究起来，软实力便体现出来。

《金瓶梅》第 15 回，正月十五，李瓶儿过生日，西门庆的四个妻妾到李瓶儿家为她庆生。此时，李瓶儿尚未过门，只是西门庆的情人。"李瓶儿客位内设四张桌席，叫了两个唱的：董娇儿、韩金钏儿，弹唱饮酒。酒过五巡，食割三道……"

四个女人，放四张桌子，这是标准的分餐制。

分餐制在明代也可算是最高的礼遇。《金瓶梅》中，每逢重大吃饭事件，必分餐。

《金瓶梅》第 31 回，西门庆儿子官哥满月摆酒席："厅正面设十二张桌席，都是帼拴锦带，花插金瓶。桌上摆着簇盘定胜（一种织锦），地下铺着锦裀绣毯。"

而入座时，刘公公、薛内相两个太监，分坐主席的左、右两席，之后是周守备、荆都监、夏提刑、张团练、范千户、吴大舅、吴二舅。应伯爵、谢希大相陪，加上西门庆共十二人。

第 20 回，西门庆为娶李瓶儿，请李瓶儿前夫的花家哥们儿吃会亲酒："头一席花大舅、吴大舅，第二席是吴二舅、沈姨夫；第三席应伯爵、谢希大，第四席祝日念、孙天化，第五席常时节、吴典恩，第六席云理守、白来创。西门庆主位。其馀傅自新、贲地传、女婿陈经济两边列坐。官客在新盖卷棚内坐的吃茶。然后到齐了，大厅上坐。"

花家人是娘家人，如果娘家人喜宴挑礼儿可不得了。所以，花大舅首席。

第 71 回，西门庆被何千户请吃饭，他到何家厅上见“正中独设一席，下边一席相陪，旁边东首又设一席”，是他与何千户及其叔叔何太监三人吃饭，标准分席分餐。坐时，西门庆主席，何太监陪席，何千户旁坐。西门庆还客套，不肯让何太监陪席。

这种中间独设一席，其他为陪席，而且一人一桌的礼仪，可是敬重之至。

此时，西门庆已升任正千户，而何太监侄子刚刚得了副千户之职。

请直接主管领导吃饭，不以分餐之礼，被心眼儿小的人挑礼儿不说，怕是以后都不好混了。

煎饼，客官您的这几张放葱吗

山东大煎饼，绝对是山东的一大特色美食。

现在的山东煎饼，口味多，地域特色足。临沂煎饼就有香米煎饼、板栗煎饼、柿子煎饼、荠菜煎饼；鲁西南煎饼有菜煎饼；曲阜煎饼有上百种，甜的、辣的，种种新品，主要是卷的内容变化。

煎饼的历史据说已经有几千年了，经历几千年时光，人们爱而弥坚，也能见得它的魅力。

古代人与现代人，对于煎饼的认识有所不同，特别是在吃法上。

而在大明朝的《金瓶梅》里，是怎么说山东省清河县人吃山东大煎饼的呢？

（一）

清代写《聊斋志异》的蒲松龄是山东淄博人。这位多年高考复读落榜生，除借鬼狐言事，还自己写了一篇宣传山东煎饼的推广文案——《煎饼赋》。

蒲老师写道："鏊为鼎足之形，掬瓦盆之一勺，经火烙而滂澎，乃随手而左旋，如磨上之蚁行，黄白忽变，斯须而成。"

这个鏊（ào）为三足铁制，是生产煎饼的专用工具。据说，在对史前仰韶文化的考古挖掘中，出土过陶鏊。唐人《朝野佥载》中有"熟鏊上猢狲"的说法，可见鏊的历史之悠久。

仰韶文化遗址在泰山以西（河南省境内），然而，今天说煎饼，却离不了山东。山东全省除胶东以外普遍吃煎饼。在德州、泰安、临清、聊城、济宁、枣庄等大运河沿岸地区都有以煎饼为主食的传统。

《金瓶梅》写的是山东大运河沿岸的商人，写吃煎饼是在情理之中的事。

齐鲁虽然圣人、亚圣双出，可为山东煎饼写赋的，怕也只有蒲松龄一人。不过，蒲老师的家乡淄博以煎饼为主食，他写的山东煎饼可不是光卷大葱吃的。他的煎饼还挺有料，至少在吃法上，胜过现今的。

他讲了三种吃法。一是干湿相间吃法："夹以脂膏相半之豚（猪）胁，浸以肥腻不二之鸡羹。"看清楚，煎饼里夹的是嫩嫩的猪五花肉，浸着鸡汤吃。这滋味儿——香啊！可这个……是那个时代的平民吃的吗？

二是干吃法："拭鹅脂，或假（借）豚膏，三五重叠，炙煿成焦，味松酥而爽口，香四散而远飘。"抹上鹅油，在鏊上摊焦，又香又脆。明末清初，山东吃鹅大盛，这在《金瓶梅》中，描写得非常多。干松酥脆嚼着吃，那叫一个爽！

三是下锅煮着吃："层层卷扫，断以厨刀，纵横历乱，绝似冷淘（冷淘类似今天的冷面），汤合盐豉，末挫兰椒，鼎巾水沸，零落金条。"

煮煎饼，这样的吃法，今天可少见了。有机会得试一下。

蒲老师写的这大煎饼色香味俱全，可能其中还有他个人对煎饼吃法的发扬光大。

吃煎饼还有两份调料：酱与葱。

蒲松龄是清代人，距明代万历年间的《金瓶梅》，相差大约一百年。

这一百年虽不算长，可也不短。那么，明代的山东煎饼怎么吃呢？《金瓶梅》又是怎么写的呢？

《金瓶梅》第13回里，"就是大盘大碗，鸡蹄鲜肉肴馔拿将上来，银高脚葵花钟，每人一钟，又是四个卷饼"，这个"卷饼"又称"煎饼"，是山东最具标志性的主食。

不过，《金瓶梅》中的山东煎饼，并未明说与大葱配套，在吃法上看不出花样。

（二）

蒲老师一赋，可见山东煎饼之盛。煎饼配酱葱——口味不轻，挺重。

其实，传统的山东煎饼卷大葱的吃法只流行于沂蒙山区以及周边地区。

四百年前，煎饼的吃法显然比现在丰富得多。煎饼盒子就是山东人的一大发明，后来，还闯关东带到了东北。

《金瓶梅》第 72 回，西门庆东京述职回家乡，吃的第一顿饭就是："大盘子黄芽韭猪肉盒儿上来……"第 77 回，西门庆吃的是"四碟腌鸡下饭，煎炒鹁鸽，四碟海味案酒，一盘韭盒儿"。

煎饼盒子，荤素搭配，那叫又香又脆。但是煎饼在古代，绝不仅是食物，更有民俗传承。

南梁宗懔《荆楚岁时记》："北人此日食煎饼，于庭中作之，支薰火，未知所出。""此日"指的是正月初七"人日"这一天。

这里的"北人""薰火"是在正月初七，而明代的讲究却是另一个样子。

明代刘若愚在《酌中志》说："二月初二日，各家用黍面枣糕，以油煎之，或白面和稀摊为煎饼，名曰熏虫。"而明代沈榜《宛署杂记》也说："用面摊煎饼，熏床炕令百虫不生。"这里都是在说以北京为中心的北方，包括山东。煎饼倒是很奇特的熏虫之法，熏虫是虚，其中的文化力量却是真的更强大。

1967 年泰安市省庄镇发现了一份明代万历年间的"分家契约"，

其中记有“鏊子一盘，煎饼二十三斤”（明代时，1 斤合 16 两）。分家要分煎饼，可知煎饼一般都是干货储备，能够长期保存。

山东人分家分煎饼就像是分一项财产，处处透露着明代人对契约的认真态度。

煎饼的食用，确实与民俗相关。

东晋王嘉的《拾遗记》中记载：“江东俗号正月二十日为天穿日，以红缕系煎饼饵置屋上，谓之补天穿。”

中国素有南米北面的饮食习惯。面为北方人的主食，有晋人写江南也吃煎饼，很可能是永嘉之乱后，北人南渡，带过去的生活习惯。

宋人李觏则有《正月二十日俗号天穿日以煎饼置屋上谓之补天感而为诗》：“娲皇没后几多年，夏伏冬愆任自然。只有人间闲妇女，一枚煎饼补天穿。”

注意啊，这里是正月二十日，不同的地方讲究的日期不同。

了不起！煎饼补天，古人吃东西，不仅讲究口感，更吃出了文化和责任感。

这煎饼的味道与皇帝老儿的御膳一样，有悯慈苍生味儿……

（三）

但是，凡人毕竟是凡人，平头百姓能将煎饼吃出历史感的怕是不多。

《金瓶梅》中潘金莲曾骂她的一个丫鬟"你个滑答子货"。这个"滑答子货"，山东以外的人是不懂的。

鲁南一带的老百姓都吃煎饼，吃煎饼得用鏊子烙煎饼。刚开始烙第一张的时候，鏊子烧得还不太热，上面又擦着油，所以烙出来的煎饼上面会有些洞，老百姓叫"滑塌（答）眼"。这滑塌眼揭下来不能算是一张正式的煎饼，随手揉揉扔到一边，拿来喂鸡喂狗用，所以它成了废物了，也就演变成骂人是废物的意思。

《金瓶梅》第23回，宋蕙莲也说西门庆："你好人儿，原来你是个大滑答子货！昨日人对你说的话儿，你就告诉与人。"

第11回，西门庆在金莲房中过夜，早上起来突然要吃"荷花饼"。

《金瓶梅词典》介绍，这荷花饼是蘸以椒盐的薄质烙面饼，山东枣庄一带称为烙馍、薄饼。

《金瓶梅》所写的山东省清河县虽自古属河北，但小说是围绕运河展开的。这荷花饼从和面、擀面，到最后烙成饼，不但是手艺活，还是慢功夫。

但《金瓶梅》书中的煎饼，多是卷些菜肉吃的。第37回："妇人笑吟吟道了万福，旁边一个小杌儿上坐下。厨下老妈将嗄饭果菜一一送上，又是两箸软饼。妇人用手拣肉丝细菜儿裹卷了，用小碟儿托了，递与西门庆吃。"这和今天的吃法相比，变化不大。

清代诗人袁枚，是个美食家。他在《随园食单》中说："山东孔藩台（布政使）家制薄饼，薄如蝉翼，大若茶盘，柔嫩绝伦……吃孔方伯薄饼，而天下之薄饼可废。"袁枚所说的薄饼，就是山东煎饼。

在《金瓶梅》中，煎饼一会儿叫卷菜的卷饼，一会儿叫荷花饼，一会儿又叫薄饼，小名还不少。

你别以为那时的煎饼是玉米面的。实话说，那时玉米还刚刚从美洲引进，很金贵，是绝对的细粮。

《金瓶梅》书中出现过“玉米面鹅油蒸饼”，是偶尔招待贵客时才吃的。

其实，煎饼的丰富程度，远非现代人可以想象的。

元代人写的《居家必用事类全集》是一部家用百科全书。其中记有“七宝卷煎饼”和“金银卷煎饼”，七宝卷煎饼是卷羊肉的煎饼，若是用鸭肉怕是全聚德的烤鸭卷饼了；而金银卷煎饼则是鸡蛋卷饼，这与今天的煎饼馃子差不多。

而其中写的卷煎饼的做法更是了得：以薄煎饼“加胡桃仁、松仁、榛仁、嫩莲肉、干柿、熟藕、银杏、熟栗、芭榄仁，除栗黄切片外，其余皆细切，用蜜、糖霜和，加碎羊肉、姜末、盐、葱调和做馅，卷入煎饼，油焯过”制成。

别以为是绕口令，这是元代煎饼的一种吃法。不看真不知道中国煎饼的博大精深。服了！

饭局，吃的真的不是饭

唐宋以来的科举制度使平民打破了阶层限制，虽说“礼不下庶人”，但通过科举，贵族的礼仪也得以在平民中传播开来。

在《金瓶梅》中，我们多少还能看到些传统文化。其中有一项至今兴盛不衰：尊卑的讲究。

就说酒席座次吧，这是所有饭局中最利害攸关的，讲究得认认真真、不折不扣。饭局之要害在“局”，“饭”反而居其次，若说不理解，那可以说是不懂世道。

自从贵族消亡，吃饭那点事儿，还真得要找《金瓶梅》来了解。

（一）

咱中国人最讲究座次。座次不是先来后到，而是权力与地位的高低。酒桌座次以年龄、以尊卑、以官阶而定。所谓“在朝序爵，在野序齿”。

虽说这是多少年不变的标准，可大多只是说说而已。现在吃饭，无论在朝在野都得序爵——啥时候上座都得给领导留着。

权力的大小，决定了酒桌上的尊贵序列。

《金瓶梅》第19回，吴月娘领西门众妾在自家新竣工的花园游玩，顺便在花园摆酒。您看这些女人怎么坐：“吴月娘居上，李娇儿（二房）对席，两边孟玉楼（三房）、孙雪娥（四房）、潘金莲（五房）、西门大姐，各依序而坐。”

这是自家人吃饭，无客位，座次上一点都不含糊。主席是老大，次席是老二，主席与次席是在桌面上对坐的。这和今天西方家庭吃饭无异：夫妻坐两端，左右是孩子。

再看《金瓶梅》第31回，西门庆为儿子摆满月酒，共十二人，两位公公是皇帝身边的人，可谓最近天颜的人，他们坐首席那是必须的。

让两人入首席座时，老太监刘公公与薛公公还虚情假意地装客套不肯上前就座。

有个武官周守备看不过了，说：“二位老太监齿德俱尊，常言：三岁内宦，居于王公之上。这个自然首座，何消泛讲。”

“三岁内宦，居于王公之上”，这就是大明中后期的风气。那时候的太监，别说带着皇气儿，还都忙着专权呢。

两个太监，姓刘的年纪大，坐了左首位置，这是中国古代的讲究：左为尊。

还因两人是同一个级别，若有谁官儿再大点，两个也没啥争谦虚的了。

古代吃饭是要换衣服的，一个个都要盛装出席。但是，对古人而言，“更衣”却是专指上厕所的意思啊，千万别和“宽衣”“换衣”弄混了。

在明代弄混了这两个词，那就全颠倒了。《金瓶梅》第13回：“当日众人饮酒，到掌灯之后，西门庆忽下席来，外边更衣解手。”

中国服冠制度十分讲究，明代中期上层人士出门赴宴是要穿礼服的，不穿礼服就去吃饭，那是对自己和别人的不尊重。

可是，吃饭时却是一定要换下礼服的。一是衣服很贵，别弄脏了；二是吃的时候也方便、自由。

见面时穿礼服是出于礼节的需要，礼服还包括戴冠巾，不得裸髻。

《金瓶梅》中有许多这样的场面。第36回，西门庆宴请蔡状元，假客套时，礼服在身，入座吃酒之前，要先去换上便服。

第38回，西门庆到夏提刑家赴宴，“于是见毕礼数，宽去衣服，分宾主坐”。

第49回，西门庆在家摆宴请宋巡按，饭前都穿着礼服或官服。一开饭，马上换便服。

为吃饭换的便服，一般都由仆人带着毡包，或衣匣、衣箱装着，换下来的礼服也装在那里边。

《金瓶梅》第96回，嫁给周守备的庞春梅，回西门府为孝哥做生日，过去的奴才成了主子，炫势、炫富必不可少。

春梅“穿大红通袖四兽朝麒麟袍儿……坐着四人大轿，青段销金轿衣，军牢执藤棍喝道，家人伴当跟随，抬着衣匣”。

见过礼，贺过仪之后，“让春梅进上房里换衣裳。脱了上面袍儿，家人媳妇开衣匣，取出衣服，更换了一套绿遍地锦妆花袄儿，紫丁香色遍地金裙”。抬的“衣匣”，就是为换衣专用的。庞春梅连袄儿、裙子都换了一套，这是气场，也是排场！

（二）

古宴饮礼仪繁杂，入席上全猪、全羊是最讲究的。孔子说：“割不正，不食。”

此“割”什么意思？后人不解而众说纷纭。

有人说这是宰牲用刀，一刀毙命；有人说切肉得规规矩矩，不能瞎切，为此吵得不可开交。

《金瓶梅》中，有许多这样的“割献”之礼。第31回：“酒过五巡，汤陈三献，厨役上来割了头一道小割烧鹅，先首位刘内相赏了五钱银子……”

“小割”多指鹅鸭禽类，坐在主位的主宾，官儿大，赏钱也得多，赏钱是赏厨子的小费。这时候，不能小气。

这是礼仪，也是风气。赏五钱银子，可以说是挺重的小费。那会儿一般的下人，一天也就一钱银子工资。

第76回，宋御史在西门庆家宴请侯巡抚。入座后，“上坐，献汤饭。厨役上来割献花猪”；之后“教坊间吊上队舞回数，都是官司新锦绣衣装，撮弄百戏，十分齐整”；然后是海盐弟子唱演曲目，“一折下来，又割锦缠羊”。

这侯巡抚刚提拔到中央，牛人。头割是花猪，比烧鹅更讲究。

明朝嘉万之时，宴请必有烧鹅，是很流行的一道菜。

明代餐饮割献之礼，先小后大，被请的客人越牛，割的次数就越多。为客人割鹅猪羊等肉类，是餐之大礼，“割不正”指的是不合礼仪，可不是刀偏了。

说刀偏了，那是在和厨子较劲。掉价儿了！

《金瓶梅》第20回：“席上都有桌面，某人居上，某人居下。先吃小割海青卷儿，八宝攒汤。头一道割烧鹅大下饭。”

“割”，讲究先小割，再接头道割、二道割……三汤五割，才是大礼。

《金瓶梅》第41回，吴月娘到乔家吃结亲酒：“上了汤饭，厨役上来献了头一道水晶鹅，月娘赏了二钱银子。第二道是顿烂烤蹄儿，月娘又赏了一钱银子。第三道献烧鸭，月娘又赏了一钱银子。”

这讲究得很有派头儿。有点像古代贵族，把吃饭的仪式弄得高高在上，让老百姓咋舌。

《礼记·曲礼》：“凡进食之礼，左殽右胾，食居人之左，羹居人之右。脍炙处外，醯酱处内，葱渫处末，酒浆处右，以脯脩置者，左朐右末……”

这是说，凡是陈设便餐，带骨的菜放在左边，切的纯肉放在右边；饭食靠着人的左手放，羹靠右手放；细切和烧烤的肉类放远一些，醋和酱类放在近处；葱渫等伴料放在旁边，酒浆等饮料和羹汤放在同一边。如果要分开陈设干肉、牛脯等物，则弯曲的在左，直的在右。

这分明就是不让人吃饭的节奏啊！

反正一切都有固定位置，估计就是油没灯灭了，古人也能摸得到并顺利送进嘴里。

都说饭局多规矩，古人才是真讲究啊。

（三）

唐宋时，饮酒最重簪花礼，饮宴登科簪花制度很隆重、很热闹，也很礼仪化。

明代时，此遗风尚存。《南明野史》记大明朝将近亡国之际，还不忘鼓舞士气：“五凤楼宴饯、簪花，犒赏三军。”

《金瓶梅》一书内酒宴无数，簪花礼次数却寥寥无几。第 41 回，潘金莲在酒席上，见月娘与乔大户家结了亲，李瓶儿（因为是孩子生母）披红簪花，她“心中甚是气不愤，来家又被西门庆骂了这两句，越发急了，走到月娘这边屋里哭去了”。

一贯争强好胜的潘金莲，失了风头不说，还受了委屈，只能哭了。

第 76 回，宋御史借西门家宴请侯巡抚。当侯巡抚进入大厅时，宋御史也是“换了大红金云白豸员领、犀角带，相让而入”。

明代巡抚虽然代表天子巡视，权威赫赫，但是他们的品级很低，只是正七品，还不及各省的按察使高。但是，这个侯巡抚说不定哪天就成了宋御史的顶头上司，所以，宋御史还真得讨好他。

宋御史向侯巡抚“把盏递酒，簪花，捧上尺头”。这里的程序仪式都极其庄重，管你品级如何，这一套下来，也就把你拿下了。

君莫欺我不识字，吃饭何必搞此事?

搞了此事，这天子派下来的御史，才完成了一次成功的巴结，要不然，不知道哪天就让人搞死呢。

古代官场吃饭的花样真是多。说得庄重点是礼仪，说得轻浮点都是谄媚讨好。

这还仅仅是一小部分。当然，古代人吃饭也比较娱乐化，喝酒时掷骰子、行酒令、投壶等，真是丰富多彩，让后人叹为观止，可惜的是先贤的许多花样玩法，都已失传。

现在有些人，钱多了，却光长脾气，不长见识，古人酒桌上的许多讲究都不知道了。

不过，话说回来，在吃上，中国人在全世界是最有说道的。

饭局这件事儿，礼仪的繁缛是没了，可座次、敬酒的潜规则关键部分还在，搞不清楚的人，怕是真得弄砸了。

口味，不重算什么有拼劲儿的吃货

在中国，吃是舌尖连着心尖的大事。唐代时切菜的刀就几十种，今天别说是普通人，就是厨师也认不全了。中华灿烂的文明，体现在吃上的还真不少。

日本美食家桑巄平著《〈金瓶梅〉饮食考》共四卷，叙事铺陈由浅至深，谈的虽也是心尖上的事，可毕竟隔着层文化。

外国人都和咱大谈中华吃喝历史了，真让我们这些吃货汗颜啊！《金瓶梅》里的吃洋洋大观，绝不是这位日本美食家四卷书所能囊括得了的。

（一）

说起古典文学名著中的吃，国内几个谈吃的文化人，也多仅局限在《红楼梦》的层面上。唉，提升吃货的文化自信，真是个大工程……

《金瓶梅》洋洋洒洒百万言，深得吃之三昧。虽说有好事者开发了《金瓶梅》菜谱，但也不得要领，一味媚俗。

有时候上三路与下三路一样，都得重口味。口味不重那是你敷衍，拼劲儿不够。

《金瓶梅》虽写西门一家老公与妻妾之事，明看都是下三路，可从来都没离过上三路——吃。

饮食，是一切文明的基础，吃，对于我们的民族远远不只是充饥，而是融于言行、关乎礼仪、近乎信仰的大事。

圣人云：食色，性也。食在色先，食之谛不只在豪餐大宴，还在日常之间。是真佛只说家常，谈吃要说豪餐巨宴，那是欺负弱小民族。

中国的大餐大宴讲的是礼。这对今天的吃货来说，绝对是折磨，而且在这样的氛围中吃饭，也一定不过瘾。

吃之勇，现今首推粤人，广东人敢为天下先。其实，粤人只不过是承袭古风，对于食材的选用，不看《金瓶梅》不知何谓“咋舌”。

《金瓶梅》第78回，西门庆大老婆吴月娘自家亲哥来。每逢重要客人来访，西门庆都会亲自陪同吃饭。自己的大舅子来，一不是外人，二是这位大舅子的官都是西门庆给弄上的。西门庆与吴月娘陪大舅子吃了顿家常饭。

桌上的菜，不是外面大灶做的，而是月娘房内小厨出品，是绝对的“私房菜”。

菜一上来，让人大吃一惊：黄鼠、蠓鲊、海蜇、槟榔——清一色的重口味！大哥，吃顿家常菜，别这么拼好不好？

黄鼠，今人不吃，可在辽代元代，是与天鹅齐名的美味。《元史》记载：“皇家祭天地，黄鼠必供。”

元朝人夸赞黄鼠“紫驼黄鼠大厨房，凤髓茶清乳酒香”；明人则称赞其“南国猩唇烧豹，北来黄鼠驼蹄。水穷瑶柱海僧肥，脍落霜刀细细”。

连明代皇帝也多嗜此物。内监刘若愚的《酌中志》记载，皇帝正月的菜肴有：麻辣活兔、塞外黄鼠……

明英宗朱祁镇在土木之变中被瓦剌大军俘虏后，在漠北居住了一年，一天在草原上见到黄鼠洞，便取水灌入鼠洞，想抓黄鼠。在旁服侍的锦衣卫校尉袁斌哭了，说：“圣上，这是我从百里外背来的水。”

英宗朱祁镇也后悔了，说：“若能回京，让你家水用不尽。”英宗复辟后，果然下令引玉河水入袁斌的府第，这在明代的北京是唯一的一家。

蠓为蝉，至于螳螂……也算得上肉食动物，油炸起来，一定与今天的油炸蝎子有一拼。

鲊，不是鱼，而是用面粉与作料混合拌菜的一种方法。现今此手艺已失传了，但据说日本还有。

“螓”字，在《金瓶梅词话》一书（按：万历本香港太平书局影印与台湾正欣版）原为蠊，我疑之为“螓”之误，在此也求教方家。

（二）

《金瓶梅》中的美食，多以猛料焙制，口味重是常态。

就说螃蟹吧，爱蟹者古今皆同。今人喜欢，古人也爱得发狂。

古代的土豪是今天的人比不了的。元代的大土豪倪瓒，家有仆人上千，却没听说现在的哪个富豪家有多少仆人。这位倪瓒著有《云林堂饮食制度集》（倪瓒号云林子）。看清楚了，是制度集！家里的饭菜一切都标准化。他家厨房的规矩制度，有厚厚的一大本儿。

其中讲了蜜酿蟹法：煮海蟹变色，取蟹肉、黄膏。壳要完整，蟹肉码于蟹壳里，用蛋黄和蜂蜜搅拌后洒上，上铺蟹黄，屜蒸鸡蛋，凝固即可食用。这样吃蟹真是讲究。

《金瓶梅》第61回，常时节因西门庆为其买房，感谢西门庆，给西门庆送来了四十只蟹：“都是剔剥净了的，里边酿着肉，外用椒料、姜蒜米儿、团粉裹就，香油煠，酱油醋造过，香喷喷酥脆好食。”这是常时节老婆亲手制作的。一个小户人家的媳妇，都有这等色香味俱全的厨艺，可见美食在世人心中的地位。

西门庆作为山东土著，虽说书中没写吃大葱这般口味，但对韭菜，也绝对说得上“无韭不欢”。

第75回，西门庆回来，吩咐“下饭不要别的，好细巧拿几碟儿来……一碟黄芽韭和的海蜇，一碟烧脏肉酿肠儿，一碟黄炒的银鱼，一碟春不老（雪里蕻）炒冬笋”。

韭菜因散发着浓烈气味，属口味菜。汉代《说文》曰：“韭，菜名。一种而久者，故谓之韭。”

《金瓶梅》第79回，西门庆会情妇王六儿：“……至掌灯，冯妈妈厨下做了韭菜猪肉饼儿，拿上来，妇人（王六儿）陪西门庆每人吃了两个，丫鬟收下去。”

西门庆对韭菜的特殊偏爱，几乎让韭菜成为《金瓶梅》一书中出现频率最高的菜。

韭菜是被《周礼》列入天子祭祖必备的菜品。宋代罗愿所作的《尔雅翼》中也有：西方以大蒜、小蒜、兴渠、慈蒜（洋葱）、兰葱（韭菜）为五荤。道家以韭、蒜、芸薹、胡荽、薤为五荤。

韭菜作为辛物，按老祖宗的说法，辛主肾，为养筋之味。因此，也就有了壮阳一说。

既然有这功效，自是西门庆必不可少的日常口味。

（三）

家常便饭的口味，常常忽略了餐食技术功力。但最能显示主人的偏好。

《金瓶梅》一书中，黄芽韭也是西门庆的最爱。第 72 回，西门庆从东京述职回来，应伯爵等来看望，留下吃饭："只见来安儿拿了大盘子黄芽韭猪肉盒儿上来。西门庆陪着才吃一个儿……"

别以为你常吃韭菜盒子就在行，黄芽韭可是大有讲究的。

黄芽韭，又称韭黄，始于明代永乐年间。据说当时的人将韭根当柴烧，无意中放在烧火的炕上，过了十余天，未干的根竟长出了黄芽韭，于是试种，代代相传，经过不断改进，便成了如今的韭黄。

西门家冬天里的韭菜，都是黄芽韭。《金瓶梅》第 77 回："不一时，取了西门庆长身貂鼠皮袄，后面排军拿了一盒酒菜，里面四碟腌鸡下饭，煎炒鹁鸽，四碟海味案酒，一盘韭盒儿，一锡瓶酒。"

这是真正冬天吃的反季菜，因为少，做法反在其次，却是价格不菲的奢侈品。

清代修成的《寿光县志》中更是记有："诸菜中唯韭为绝品。""寒腊冰雪，便已登盘，甘脆鲜碧，远压粱肉。"

当年，大清皇帝康熙回老家盛京祭祖时，冬季食谱中，一定有这样的韭菜盒子。

孔夫子指出："食不厌精，脍不厌细。"这是老爷子最牛时的讲究，遭厄于陈蔡时，饭都吃不上。

能讲究时，就别客气。但是，精细与粗糙，却是见仁见智，各有各的标准。

《金瓶梅》中，有道奶罐子酥烙拌鸽子雏，是道游牧民族的开胃凉菜。这道普通的私房菜，有着浓郁的草原风味。这是李瓶儿带到西门府的。李瓶儿出自河北大名府的大户人家，常有草原游牧民族来大名府做生意，也就把这道菜带到了中原。

清朝著名吃货袁枚认为：烹调如同做学问。有人研究阳春白雪，有人偏爱下里巴人。

奶罐子酥烙拌鸽子雏，虽起源于民间，难攀阳春白雪，但对吃货来说，也绝不是一般的下里巴人。

有好事者考证：此菜先将鸽子用传统方式卤熟、放凉，将鸽肉撕下用酥酪加上盐拌好，因为酥酪有些酸味，使得此菜很开胃。

这种开胃菜，带着北方胡人偏爱的膻酸味儿，口味轻的人怕是无福消受。

除了一道道重口味的菜，西门家还爱吃蒜。《说文》说：蒜，荤菜。

《金瓶梅》第 52 回：“不一时，琴童来放桌儿。画童儿用方盒拿上四靠山个小菜儿，又是三碟儿蒜汁，一大碗猪肉卤，一张银汤匙，三双牙箸，摆放停当。西门庆走来坐下，然后拿上三碗面来，各人自取浇卤，倾上蒜醋。”

这三个吃货，将所有的蒜汁都浇上了，就怕味儿不足啊！这绝对是古今通杀的“上味”技术，分分钟秒杀今天的吃货。没办法，西门庆的口味必须要重。

西门家连酸笋这样的凉拌菜，都要与韭菜一起拌。第 76 回：“西门庆分付春梅，把肉鲊打上几个鸡弹（蛋），加上酸笋韭菜，和上一大碗香喷喷馄饨汤来。放下桌儿，摆下。”

我不得不叹服《金瓶梅》书中这些吃货。今天的吃货，天天吃韭菜你试试？

这样吃法，怕真的是玩不起。不读《金瓶梅》，真不知道咱祖宗是什么样口味的吃货。

奉劝今天自称“重口味吃货”的小主们一句：从今天开始，你们绝迹江湖吧……

食盐，一个王朝最后的滋味

历史常常因偶然而被赋予神秘的色彩。

远古的一天，山东半岛南岸蛮荒海岸，一个叫夙沙氏的人，以火煮海水，缶底留下了一层白白的细末。那东西很诱人，他尝了尝，味道有些像额头滚落唇边的汗珠，但是很鲜——那细末便是海水熬出来的盐。

这传说源自战国。秦古籍《世本》记："夙沙氏煮海为盐。"《吕氏春秋·用民篇》载："夙沙氏之民，自攻其君而归神农。"

神农就是炎帝。哦！因为夙沙发现了盐，后世的子孙称他为"盐宗"。

与这些典籍所记载同时期，大约2300年前的古希腊，大哲学家柏拉图说了句这样的话:“没涂脂抹粉的女人就像没放盐的食物一样。”这里也提到了盐。

其实，就口味而言，中国人很可能是世界上最重的。做起菜来，煎、炒、烹、炸。西餐那些吃法，在咱看来，跟原始人相似。

不过，东西方文明虽差异巨大，但谁都少不了盐。并且，东西方在初期都一致认为：盐乃国之大宝。盐就是财富的代名词。

《金瓶梅》中的山东首富西门庆，贩盐是他家的拳头项目。尽管山东产盐，但他却贩利润更高的淮盐……

（一）

西门家族南下贩盐，总是去让人心旌摇曳、乐享春风十里的扬州。

“烟花三月下扬州”，李白千古绝唱，让扬州城名扬天下，而宋代人也是“腰缠十万贯，骑鹤下扬州”，人们为何争相去扬州?

因为那儿是当时的娱乐中心，是江南繁华、富庶的代表。多少年来，纸醉金迷，人们趋之若鹜。

其实，这只是表面。扬州之富，非关鱼米，全在于盐。

明万历年间《扬州府志》称，盐务、漕运、河工为扬州的三大要，而盐是“国脉所系”。

盐是财富之源。中国历代巨富，如范蠡、猗顿无不是以盐致大富。

扬州盐商有钱，也舍得花钱，特别是关系自身安危的时候。《金瓶梅》第 25 回，扬州盐商王四峰，被按抚使送监在狱中，托人求西门庆帮忙，“许银二千两，央西门庆对蔡太师讨人情释放”。

花钱从狱中捞人的大忙，也是桩买卖。此次东京一去，“因有盐商王四峰一千干事的银两”，蔡太师马上写信给山东省省长，所缉盐商马上释放。一来一往，西门庆有一千两银子进入自家账面上，既成了人情，又做了生意。

《金瓶梅》中西门庆本行是经营生药的中药材商。可全书之中，没一笔写他家中药材正业生意。

西门家大多数经营项目与范围全在江南。而盐，又是他家的一个最挣钱的工程。

第69回，媒婆文嫂是这样夸西门庆的：“开四五处铺面：段子铺、生药铺、绸绢铺、绒线铺，外边江湖又走标船，扬州兴贩盐引……”

当时人说：“两淮盐，天下咸。”绝非过甚之语。以清初为例，两淮盐区规模最大，每年可赚银1500万两以上，上交盐税银600万两以上，占全国盐课60%左右。

扬州是两淮盐最大的集运中心，明朝富豪全是聚集在这个舞台上的主角。从明初起，秦晋大贾，就称霸扬州盐界百余年，曾经有首《扬州竹枝词》：“鹾（cuó，盐）客连樯拥巨资，朱门河下锁葳蕤；乡音歙语兼秦语，不问人名但问旗。”扬州街头，操着一口秦腔的西贾为陕西、山西人，说歙语者为徽商。

然而，山东商人代表西门庆，却在此财富争夺战中，分得了一杯羹，成为鲁商翘楚。

（二）

在古代农业社会，盐铁都是国之命脉。这么重要的战略物资，从汉代起，便由国家专营。

大明立国，先患西北蒙古，后患东北女真，军力多聚集于此两处。

数量庞大的边防军需，让政府财政不堪重负。明洪武三年（1370年），实施“开中”新政，改革实施了千年的食盐专卖制，允许商人向边关输送粮食换取食盐经销许可证——“盐引”。这“盐引”不是明代人的发明创造，而是宋代人搞过的。

宋朝的心腹之患是西北的西夏和东北的辽金，与大明一样军费不足。宋人就“军旅之用，莫不资民力而后足”，物资任务就交给了商人。商人只要将粮草送到边关，得到报酬是“盐引”和“茶引”。

宋、明两朝，同亡于关外马背上的民族，边关盐引政策，如历史翻版，何其相似。

历史总有惊人的相似之处，相似地演绎着惊人的历史。

《金瓶梅》作者兰陵笑笑生不愧一代大家，深谙宋亡之缘由。第48回：“在陕西等三边开引种盐，各府州郡县，设立义仓，官粜粮米。令民间上上之户，赴仓上米，讨仓钞，派给盐引支盐。旧仓钞七分，新仓钞三分。咱旧时和乔亲家爹，高阳关上纳的那三万粮仓钞，派三万盐引。”

朝廷“国退民进”“淮盐价贵，商多趋之”，边防军需难题一举解决，而坐享地利的陕晋商人从此崛起，横行天下。此时的食盐业，需要大明政府实行计划配给。

明朝政府规定：军人有家小每月每人 2 斤，单身 1 斤。老百姓中市民 0.5 斤，农民 2 两。

明皇室、王府、官员等政府本有相应配给。但自成化三年（1467 年）德王讨盐 100 引尝到甜头后，又于成化十七年（1481 年）再次奏讨盐 1000 引。

大明成化年间，各藩王讨盐的数量一般在 1000 引左右。1000 引盐是20万斤，这么多盐，藩王自己家肯定吃不了，多出来的干什么？私卖赚钱！

盐里捞钱的买卖先从权贵开始。藩王讨盐引数量成倍增加。弘治四年（1491 年）兴王奏讨 1 万引，两年后（1493 年），靖王一下子就要了 10 万引盐。

盐就是钱！拿到朝廷配给的指标，一转手就变成银子了。其后，连太监也加入捞钱的行列。成化十四年（1478 年），南京留守宦官覃力朋贩盐达 10 万引。

万历三十五年（1607 年）十月，户部的一条奏疏："自万历三十四年夏至三十五年春，两淮课额欠至一百余万，长芦欠至十八万余，山东欠至七万余……"

这么多人从盐中渔利，公盐不亏欠才怪呢。

《金瓶梅》所写的西门庆扬州贩盐引，显然是这场盐中捞钱大潮中的一个缩影。

第 49 回，西门庆为让三万盐引变现，对新任的两淮巡盐蔡御史说："去岁因舍亲那边在边上纳过些粮草，坐派了有些盐引，正派在贵治扬州支盐，只是望乞那里青目青目，早些支放。”结果，提早了一个月支放。

这里，有个易忽略的细节。就是去年的盐引，为何现在才支盐？

这一是因蔡状元新当两淮巡盐御史，另一个原因没有写，但一定是此时盐价高涨，这时支盐，利润最大。

（三）

大明正统三年（1438年），河北一些地方出现盐荒，盐价由每斤1钱银，猛然涨到每斤3钱银子。

此时，江苏、安徽、浙江水灾频繁，南方粮食一时接济不上，盐商无法运粮就无法取到盐引卖盐，即便有盐引也买不到盐。因为，盐首先要供给皇室、政府机构、盐场周边的权贵……这时盐价暴涨，便是商人支盐最佳时节，更是官员捞钱的时机。

明代盐业管理机构两淮盐运使司就设在扬州，扬州是全国最大的食盐集散地。

明人宋应星《野议·盐政议》称：“商之有本者，大抵属秦、晋与徽郡三方之人。万历盛时，资本在广陵（扬州）者不啻三千万两。”

这么庞大的资金流、商人流，却出现在大明即将倾颓的万历年间，汇聚在大运河节点城市扬州，推动着经济与消费的升级。

“商人河下最奢华，窗子都糊细广纱。”扬州最繁盛的下关一带，二十四桥月夜，处处玉人吹箫。这是奢华、享乐的好地方。

《金瓶梅》第 81 回，西门庆家韩伙计“日逐请扬州盐客王海峰和苗青游宝应湖。游了一日，归到院中”。

宝应湖是扬州附近的一个湖泊，与大运河相通。连西门家的伙计在扬州都去妓院，夜夜笙歌。

第 77 回，崔本见了西门庆，说：“我从腊月初一日起身，在扬州与他两个分路。他每往杭州去了，俺每都到苗青家住了两日。”因说：“苗青替老爹使了十两银子，抬了扬州卫一个千户家女子，十六岁了，名唤楚云。”

西门庆极少出清河县，作为遥控指挥江南生意的山东首富，一生没见识过江南的明月。现在，连女人都给西门大官人准备好了，只等他莅临扬州，大展商才。

扬州佳丽，颜冠江南。而佳人以“颜值”易“盐值”，也是一时之风。盐商在扬州几乎都有外室，难怪当时人感叹扬州女子：“可惜一身都是淡，如何嫁了卖盐人？”

走遍天下不离钱，山珍海味不离盐。

盐何尝不是钱？财富推动，纵欲至极，声色犬马，末世之态。大厦将倾，无力至极，何以解忧，唯有此乐。

重口味的大明人，用咸咸的滋味给一个王朝添加了最后的苦涩。

不甜，是吃到假糖了吗

据国际糖尿病联盟（IDF）报告，中国每10个成年人中便有1个糖尿病人，糖尿病患者已超1亿。这对于一个喜爱甜食的国度来说，不能不说是个噩耗。

对此，甜食党们怎么想？会冷笑三声吗？

祖国的甜食事业历史悠久，几千年来，人们对甜食之不厌。甜，就必涉糖，这是一个能引起无数人美好回忆的东西。食甜是曾让很多人自我感觉良好，并很有面子的一件事。

作于明代的《金瓶梅》有大量的甜食描述，这些没注明的甜食，有可能用的是假糖哦……

（一）

假糖？那能甜吗？

按照标准的路数，甜，就应该永远不要离开人的口腔。没有这甜味儿，似乎人生就不圆满，怕是历史也要有缺憾了。

咱国在传统节日吃的食物大都是甜食，元宵、月饼、粽子，各类祭祀用的糕点等，也是甜甜的。

甜食礼品是大明的风景。《金瓶梅》第 39 回：“李铭、吴惠两个拿着两个盒子，跪下揭开，都是顶皮饼、松花饼、白糖万寿糕、玫瑰搽穰卷儿。”

别的甜品不算，为何明确写出“白糖”？因为白糖是当时最新的科技成果。其他没注明的，是不是假糖呢？呵呵，我不好说……

白糖，可是当时的奢侈品，不是谁都能吃得起的。

《金瓶梅》第 67 回，说西门庆吃早餐，家里的仆人“拿了两盏酥油白糖熬的牛奶子……见白潋潋鹅脂一般”。

白糖熬牛奶，还加了些酥油，有点像咱前些年刚富起来时，熬牛奶喝的情形。

爱吃是很多人的天性，而口味、种类之繁多足以让人瞠目。仅“饼”，唐宋以来一直多不可数，宋人的《缃素杂记·汤饼》就有：“凡以面为食具者，皆谓之饼。”

《金瓶梅》第 42 回，西门庆家人拿银子“往糖饼铺，早定下蒸酥点心……四盘蒸饼、两盘果馅团圆饼、两盘玫瑰元宵饼”。

“饼铺”不叫饼铺，却打出了“糖饼铺”的幌子，可见这“糖”在当时是卖点。

《金瓶梅》第7回，孟玉楼前夫的姑姑，很希望她嫁给西门庆。打发人给孟玉楼送来了礼：“盒子里跨着乡里来的四块黄米面枣儿糕，两块糖，几个艾窝窝。”

虽然是普通人家的礼数，但是“两块糖”是什么意思？逗小孩吗？

这“两块糖”在当时真的不便宜，两块，至少等于四块黏米枣糕了。

白糖出现前，糖的颜值可不高。据清代《广阳杂记》记载，在明代嘉靖以前，老祖宗们都没有吃过白糖，人所吃的糖都是黑乎乎的。

嘉靖中期，一家糖场在熬糖时，突然屋顶上掉下一片瓦，落在熬糖的漏斗中，工人忙着去拣出来。这时，只见糖变了色，上层的白如霜雪，味道甘美不同于往日；中间的则是黄色的糖，而下面的依然是黑乎乎的。大家觉得奇怪，又取瓦块压在糖上，果然又出现了白、黄、黑不同颜色的糖。百试不厌后，从此世上有了白糖。

当然，没有色如霜雪的白糖，咱国人对甜的嗜好也早就存在了。西门庆就是一个不折不扣的爱糖党。

正月十五，西门庆家宴请女宾，他到狮子街楼上赏灯。第42回写道：月娘又“使棋童儿和排军人抬送了四个攒盒，多是美口糖食、细巧果品”。

这日子过得真滋润，点心啥的都突出特色就叫糖食，突出表达的就是一个甜啊！

（二）

偶然有时会改变世界，也放大了世界。纯度较高的白糖，扩大了国人对糖的认知。

可这种偶然的改变，迟到了两千年。关于蔗糖在中国的起源时间，最早的文字记载见于汉代。汉之前是饴与蜜。汉代杨孚《异物志》有段描述：“（甘蔗）长丈余，颇似竹，斩而食之既甘，榨取汁如饴饧，名之曰糖。”

将甘蔗汁放在阳光之下，晒成黏稠的半固体形状，严格来讲还不能称之为糖，只能算是糖的雏形。中国上古用饴糖、蔗浆，甜度有限。为此，《新唐书》载太宗遣使者“至摩揭陀国，取熬糖法”，只贡皇家。

那个年代，谁都想甜上加甜。《金瓶梅》第61回，西门庆让人“拿了两大盘玫瑰果馅蒸糕，蘸白砂糖吃”。

“蘸着白砂糖吃”，这就相当于土豪喝豆浆，喝一碗，倒一碗。这不光是甜不甜的问题，更是面子的问题。

很显然，西门庆对原来那甜点心的甜度，是有些看法的。

按季羡林老先生考证，印度最早制造出了砂糖（śarkarā），传到中国，后来中国改进了制糖术，将紫砂糖净化为白糖，“色味愈西域远甚”，吃着更甜。这样，白糖又输出到印度，因此印度语（梵文）中称白糖为 cīnśarkarā，意思为“中国糖”。

到了明末，中国人发明了“黄泥水淋法”制糖，用这种方法制出来的糖，颜色接近白色，是当时最好的糖。

南宋王灼《糖霜谱》记载：唐大历年间，有个邹和尚，常跨白驴，在伞山结茅而居。需要盐米薪菜，就写张条绑上钱，让驴自负至市集，人知为邹和尚的驴，“挂物于鞍，纵驴归”。

一天，驴踏坏了山下黄氏田里的甘蔗，黄氏要求邹和尚赔偿。邹说：“汝未知窨蔗糖为霜，利当十倍。吾语汝，塞责可乎？”试之果信。

宋代的糖霜应该不是真正的白糖，而是种颜色较浅的蔗糖。

王灼说，糖霜在当时只出福唐、四明、番禺、广汉、遂宁。独遂宁最好，其余“四郡所产甚微而碎，色浅味薄”。

宋以前熬糖技术落后，糖呈块状，为紫红色，《本草纲目》记载：“凝结如石破之如沙”“此紫砂糖也”。

宋代大文豪苏东坡有诗：“冰盘荐琥珀，何似糖霜美？”这是在将白瓷盘与糖霜对比，此“糖霜”仅仅为琥珀色。

这种淡淡的、甜甜的糖霜，让国人开始靠近了“真糖”。

明代以前，中国只有这种颜色不白的糖，甜度有限，当时所谓的白糖其实也并不白。

《泉南杂志》中记：“用甘蔗汁煮黑糖，烹炼成白。劈鸭卵搅之，使渣滓上浮。”方法是把甘蔗汁放进锅中，然后把锅烧开，糖水滚动，浮沫升起，撇掉浮沫，把咸鸭蛋打碎后放入糖水中搅拌，许多杂质会裹在里面，然后把它撇掉，杂质就减少了一些。就这样，一直煮下去，再煮再撇，直到没有浮沫升起为止。

这样的做法是取出赤糖中颗粒大而较不干净的部分。至于流出的黑色残渣则称为糖蜜，可用来酿造酒。

（三）

不少国人的味蕾，好像是为甜而生的。食甜是重口味的一种表现。现在口味重、最喜吃辣的四川人，在明以前都是吃甜的。

魏文帝曹丕的《与朝臣诏》：“蜀猪豚鸡鹜味皆淡，故蜀人作食，喜着饴蜜。”这是在说，四川人嫌猪肉和鸡鸭肉的味道寡淡，在烹制时，爱用饴蜜调味。

明代引进了辣椒，大家重口味的癖好得到了一定的补充。但食品，特别是小食，甜口儿的依旧占据主流地位。

有甜食，生活就会感觉多一分甜蜜。

《金瓶梅》第 58 回，西门庆生日，在家摆酒，多数客人走后，又重新摆碟，上起了甜品：“都是蜜饯减碟，榛松果仁，红菱雪藕，莲子荸荠，酥油鲍螺，冰糖霜梅，玫瑰饼之类。”这里不光是白糖，更有冰糖。

明代宋应星《天工开物·甘嗜》详记了制糖方法，其中说冰糖：“造冰糖者将糖煎化，以蛋青澄去浮滓……经过一宵，即成天然冰块。”

《金瓶梅》第 67 回，西门庆和应伯爵等人赏雪，来安儿从后面拿几碟果食，其中一碟是黑黑的，用橘叶包着，闻着香（实为衣梅蜜饯），不知是什么，西门庆让应伯爵猜，他说：“莫非是糖肥皂？”

连果脯都让人猜成了糖，可见其流行的程度。

清代褚人获《坚瓠补集》载：“明俗新年祀神，要溶就糖霜（利用柿饼等甜果品上的霜来熬制），印铸成各种动物和人物作为祭品，因所铸成人物形象……”神仙也一样爱甜。那个时候，不是谁想吃真糖都能吃到的。

陆游在《老学庵笔记》曾谈到苏东坡嗜蜜：“……所食皆蜜也。豆腐、面筋、牛乳之类，皆渍蜜食之，客多不能下箸。惟东坡性亦酷嗜蜜，能与之共饱。”意思是说苏东坡吃饭，结果端上来的菜不论面筋、豆腐，还是奶制品，都要蘸着蜜糖吃。

苏东坡何等风流，虽然是有名的饕餮之徒，但何以嗜甜如此？其中一个因素就是他是四川人，而他所食的饴蜜，都不是什么“真糖”。

大明朝不同了，制糖技术的飞速发展，让糖更白、更纯，甚至，糖成为重大酒宴的前奏曲。

《金瓶梅》第45回，西门庆给乔家送礼，差玳安送两张桌面：“一张与乔五太太，一张与乔大户娘子，俱有高顶方糖、时件树果之类。”还有第49回，西门庆在家请蔡御史、宋御史：“厅上湘帘高卷，锦屏罗列。正面摆两张吃看桌席，高顶方糖，定胜簇盘。”

糖果是送人、招待贵宾最提面子、显摆的东西。但是，这一定得是最时髦的白糖，而不是以前不那么甜的“假糖”。

《西游记》也是明代人所写的小说，第72回中，猪八戒说了一句名言：“俗语说得好：‘曾着卖糖君子哄，到今不信口甜人。’”原来，那个时候的卖糖人，真正的功夫是嘴甜。糖，显然不是那么甜啊！

不甜，难道是吃到了“假糖”吗？这让重口味的食客们怎么受得了！

喝茶，雅与俗到底谁不正经

中国是个茶的国度，可我们的这个茶，却有着光荣的缺憾：与历史最著名的一群人失之交臂。

咱们史上地位最高的那些“子”——孔子、孟子、老子、庄子、孙子……在喝茶这件事上，只字片语没留下，甚至他们可能都没喝过茶。

让华夏走出千年黑夜的圣人孔子是一个多么文艺的人，可孔子只喝酒，不喝茶。

爱喝小酒慨叹人生的孔子，在删编《诗经》时，对其中的《邶风·谷风》“谁谓荼苦，其甘如荠”、《豳风·七月》“采荼薪樗，食我农夫”这样的诗句，或许会被认为是质朴无华、野趣率真。

但是，孔子绝对不会想到，后世人将“荼”解释为“茶”。荼，成了茶的祖宗。

某些专家的想象力也是让人佩服。“荼”这种野菜，只有平民百姓才吃，贵族谁会尝这个？好吃与否暂且不论，但贵族吃这个掉价儿啊！

喝茶这事儿，真正兴起是在唐代以后，从宋元到明代，达到极点。《金瓶梅》中所出现的形形色色的“吃茶”记载，那是西门家族的正经史。

说西门庆家的茶“正经”，是因为喝得不虚伪。什么人上什么茶，一点都不装，最见世态。

（一）

国人饮茶习俗：西汉至盛唐，基本上是辣汤型；晚唐至两宋，基本是甘乳型；明代撮泡法兴起，直到今天。

一些正经的茶人说起古代的饮茶，好像多么糟糕和不堪似的：唐代人喝茶，竟然加姜、葱、盐！

这也大惊小怪？姜汤、葱花水古人喝了三千年，养生功效一点也不输茶，且文化底蕴深厚。只是，许多人都太聪明，干什么都不拘一格，要营养均衡，就将各种各样的汤与茶合而为一罢了。

孔子的“不撤姜食，不多食”，是老贵族的做派。没这口辛辣，孔老爷子还要脾气不吃呢！

唐宋时茶叶研成粉末而煎饮、点饮，虽各有绝活儿，可什么有营养的东西都往茶里加，加的盐也是要上锅炒熟的，远比你想象得复杂。

而且，所有料粉加入煎沸后，一样清澈明亮，不是现在人想象得如同一锅粥。

明代虽兴清雅散泡饮茶，但唐宋吃茶的传统，依旧半点没丢地继承下来，该往茶里放什么还在放，一点也没耽误。

《金瓶梅》第 72 回，潘金莲烹了“一盏浓浓艳艳，芝麻、盐笋、栗丝、瓜仁、核桃仁夹春不老（雪里蕻，叶辛香，常制成齑）海青拿天鹅、木樨（桂花）玫瑰泼卤（糖腌）六安雀舌芽茶，西门庆刚呷了一口，美味香甜，满心欣喜”。这是《金瓶梅》百万文字中，最著名的一道茶，而且是潘金莲亲手烹的，太有文化了，以至今天的专家都想知道：海青拿天鹅是什么?

辽元时皇帝春秋狩猎，放海东青捕天鹅，此猛禽猎天鹅专啄食天鹅脑。得首鹅，先祀宗庙祭祖，群臣纵饮作乐，为“头鹅宴”。奏《海青拿天鹅》琵琶曲，这仪式弘扬的是主子唯一性的占有权。

明代张吾《雅燕乐集》中说：“凡曲声淫者，莫如《料峭》（由《海青拿天鹅》演变而成）之类。今人宴会，乐工非此不奏。”

“海青拿天鹅”拿的是脑。古书脑麝指香料（龙脑麝香合称），而“脑”就是龙脑（冰片，香料），是樟香的一种，与春不老、薄荷、木樨一样，入茶夺味。

描述此茶用了三十六字，共放九样添加物，前五种为果仁类，后四种为香料类。

许多专家认为“海青拿天鹅”为果品，是完全错的，此词前后均为香料（春不老与木樨），古人制茶，绝不会这样不讲次序。

西门庆这厮，混惯风月场，什么茶没吃过？让他“满心欢喜”的不是什么劳什子芝麻糊、核桃露，而是潘金莲的臣服和这茶不可替代的唯一性！

至于普通待客之茶，如《金瓶梅》第 3 回，潘金莲至王婆家，王婆为她“浓浓点一盏胡桃松子泡茶”，即把胡桃末、松子粉，与茶注入沸水冲泡。王婆殷勤，潘金莲神会，这不过是日常一景。

（二）

唐代茶圣陆羽，早就看不惯这种“不正经”的饮茶，他在《茶经》里说：“或用葱、姜、枣、橘皮、茱萸、薄荷之等，煮之百沸……斯沟渠间弃水耳。”

陆羽在寺院长大，隐居山林，算是半僧半道之人。且别说能否弄到核桃、芝麻诸粉，单就僧道的荤戒而论，葱、姜、蒜等重味之物，吃了也犯戒损修行。

《金瓶梅》第 15 回，西门庆至李桂姐家，李桂姐让人奉上“梅桂泼卤瓜仁泡茶”。第 68 回，吴银儿派丫鬟送茶孝敬西门庆的是“一盏瓜仁栗丝盐笋芝麻玫瑰香茶”。其他诸如木樨金灯茶、芫荽（香菜）芝麻茶、桂花木樨茶等，《金瓶梅》书中多有所载。

陆羽认为，在茶中加乱七八糟的东西，是沟渠污水，这从清修与茶道的角度来说，没错！

陆羽是一个世外高人，哪知道常人没钱着急和有钱也着急的是健康问题，啥好玩意儿都想一股脑儿补齐。

这是人心世道，千年不易。唐宋如此，元明未改，到现在还是这样。

明人高濂《遵生八笺》载：“茶有真香，有佳味，有正色。烹点之际……所宜核桃、榛子、瓜仁、杏仁、榄仁、栗子、鸡头（芡实）、银杏之类，或可用也。”世风如此，不是几个穷文士所能改的。

《金瓶梅》第 7 回，西门庆到孟玉楼家相亲，开始“拿出一盏福仁泡茶来，西门庆吃了”，相会后，“小丫鬟拿了三盏蜜饯金橙子泡茶”。“福仁”是指闽产橄榄仁，“蜜饯金橙子”这是又给西门庆换了一盏果茶。

贵客待的时间稍长一点，茶冷了，必须得换一杯——换茶可不是续点儿水啊！

这是上流社会的饮茶方式，招待贵客第二杯茶为换茶，一般先浓后淡，首杯浓厚，次杯上果茶。这是有钱人家的讲究，换的是尊重，更是象征着财力。

明朱元璋第十七子宁王朱权，在其《茶谱》中记：“今人以果品为换茶，莫若梅、桂、茉莉三花最佳。”

果茶与花茶，不过是萝卜青菜，各有各的风韵。换茶关键在“换”，讲究的是富人的排场。

《金瓶梅》第 54 回，李瓶儿病重，请任太医来家看病。任医官先是“吃了一钟熏豆子撒的茶”，之后“又换一钟咸樱桃的茶”。

到大户人家，若首杯茶喝尽或者茶冷了还不换茶，那是人家要逐客的意思。

（三）

古人吃茶细致得要命，而今不少人自以为是、恃才放旷，整天啜着廉价茶叶片子，却爱对古人饮茶习俗大放厥词，这真是吗，迷之自信。

有人甚至用今天的“八宝茶”——大枣、枸杞等直接与茶冲泡的方法，对比明代人之茶。

第61回，韩道国宴请西门庆，拿了盏“八宝青豆木樨泡茶”；第68回，吴银儿派丫鬟蜡梅送茶孝敬西门庆“一盏瓜仁栗丝盐笋芝麻玫瑰香茶”。

古今茶可能同名，但制茶方法却有着天壤之别。今茶的制作太过粗糙：大枣、枸杞等与茶一泡，就叫八宝茶了。

元代《居家必用事类全集》是一部给老百姓用的百科全书，里边就有种香茶制法：“茶（一斤，研极细，箩过用）、白豆蔻仁（四钱，研为细末）、沉香（半两，劈成三锭子，插入鹅梨内用纸裹了水湿过，灰火内煨梨熟为度，取出沉香晒干，为细末用三钱和之）、寒水石（半斤，炭火内烧红，先将薄荷叶四两，水浸湿透铺在纸上，将煅过寒水石放在叶上，裹了放冷，取出秤五钱，与脑子同研，余者待后次用之。叶弃去不用）……”

看看这香茶怎么“取香”：“沉香半两，劈成三份，插入鹅梨内用纸裹了水湿过，灰火内煨梨熟为度，取出沉香晒干，为研细末用三钱和之。”

古人往茶中加的盐也一样，是炒过的盐。这炒盐的火候、颜色，都是技术活儿。可不是在茶里撒上点盐就了事了！

还有制花香及各种茶的居家制法，哪个都能让今人膜拜。古人对茶食如此耐心和细致，咱别说制作，就连想象都做不到。

有时，西门庆就是一时附庸风雅，学文士高人饮茶，也多烹珍茗。《金瓶梅》第 21 回，天降大雪，西门庆与妻妾花园赏雪。吴月娘见雪厚厚下在太湖石上，教丫鬟小玉“拿着茶罐，亲自扫雪，烹江南凤团雀舌牙茶，与众人吃”。

这茶与西门庆待贵客所用的茶，均是宋代御用名品——饼状的龙凤茶茶团，为建安北苑（今福建省建瓯市）所造，最上等的叫小芽，如雀舌一样纤细。

明代此茶虽滥觞江南，但非豪门巨室，是喝不起的。珍茗只奉贵客，越是有钱，越能见世态。

《金瓶梅》第 73 回，吴月娘听薛姑子说佛法，也“拿上一道土豆泡茶来，每人一盏”。

“土豆”这里指的是一种香芋，有人误以为是马铃薯。给几个行走大宅门的僧尼这种茶，不失礼节又恰如其分。

给僧尼的茶，就像给今天的人一样，口味要是重了点，他们懂不懂还在其次，就怕一不留神，显得没文化！

作料，土产与洋货提味生活

食色，性也。古代的圣人说起话来，总是一针见血。

其实，圣人将食色并论，不单单因为这两件事是人生基本需求，还在于它们是有下限没上限的事，说白了：都挺难伺候的。

孔子说："饮食男女，人之大欲存焉。""大欲"说的就是没上限。

孔子在《论语·乡党》中说："不得其酱，不食。"汉代大儒马融说："鱼脍，非芥酱不食。"郑玄解释："酱，谓醯醢也。"指的是酱、菹、醯（xī）、醢（hǎi）等作料。

而到了大明朝，先秦贵族在吃上摆出的谱及所有的作料，不仅稀松平常，而且，胡椒、胡芹、胡荽、荜拨、莳萝、孜然、丁香、檀香等外来调味品也大行其道。

这些老祖宗多是吃货，而且一水儿的重口味。

（一）

也许，咱们的祖先在茹毛饮血的时代，早就腻味了食材的原始味道。在发明了文字前，他们就弄出一堆调味作料。

早年，俺第一次接触这些时，就吓到了：醢、蠃（luó）、蠯（pí）、醓、齑（jī）、菹（jū）、臡（ní）……嚯，除了吃，一个字不认识。

《说文》上说：“酱，醢也。”肉汁不叫肉汁，叫醢。这是贵族诚心为难咱老百姓啊！

《周礼·天官》也有：醢人掌管“蠃（指螺）、蠯（指蚌）、兔醢、鱼醢、雁醢”……各种各样的咸肉酱汁，看蒙你。

还有醯（xī，今天的醋）人，掌管五齑、七菹、三臡（带骨肉酱）。全都是调料。

郑玄对《周礼·醯人》注释：“醯酱所和，细切为齑。”古人对切得碎碎的重味，爱得不得了。这么多各种菜肉作料，就着汤吃，那叫过瘾！

到春秋时，孔子为此急哭了：这套东西没人认了，太麻烦了！

可吃货毕竟是吃货。酱虽然没人叫醢了，可酱作为调味主料，在语言上，《金瓶梅》用口语记录继承了祖先的衣钵。

《金瓶梅》第36回，西门庆为路过清河的官员送餐。“来保拿着西门庆拜帖来到船上见，就送了一分嗄程，酒面、鸡鹅、嗄饭、盐酱之类。”

这个“盐酱”是当时山东的口语，就是佐餐的各种调料，基本上是作料的总称。

在东北话（辽西地区）中，至今仍保留这“盐酱”这一口语。说“这个菜没盐酱”，是指味道寡淡、作料没放到位。

大明中后期，世界正处于大航海时代，物资大通汇，油盐酱醋、姜桂椒蓼、葱香大料胡椒种种调料，比以前丰富多了，可在说法上仍然多以“盐酱”指代。而且，普通人家，酱和酱油多是自酿的。

《金瓶梅》第48回，西门庆家伙计韩道国道：“咱不如瞒着老爹（西门庆），庙上买几根木植来，咱这边也搭起个月台来，上面晒酱，下边不拘做马坊，做个东净，也是好处。”

晒酱是制酱的必要程序。元代《家居必用事类全集》里讲了如何造豆豉酱：先把黑豆蒸熟晒了，用紫苏陈皮茴香炒盐拌好，盖三日。再用酒洒匀蒸了，晒一日。入缸用泥或纸封，三伏天再晒。

厚味是国人饮食的基本追求，制酱也要加紫苏、陈皮、茴香等香料提味。当然，西门庆家这些不必自造。

大航海泛起的全球化，使香料从饮茶、熏香扩张到调味品行列，让餐饮业也香风阵阵。

《金瓶梅》第16回，李瓶儿与西门庆定婚期时，李瓶儿告诉他，自己的私房钱中，有“三四十斤沉香，八十斤胡椒”。

之所以将这些作私房钱，是因为明代对私人禁海（隆庆时才开海），这些洋香料很抢手。

《金瓶梅》第54回，上来“五方豆豉，酱油浸的花椒，酽醋滴的苔菜”。一个佐餐小菜，在调料上用得还挺复杂。

明代《便民图纂》记载了这类素食的制作方法：莳萝（土茴香）、茴香、川椒、胡椒、干姜、甘草、马芹等碎末制成丸，专门做小菜时用。

但这等“十三香”调料，虽加入洋香料，也是迎合时尚及重口味，算不得技术，入不了美食门墙。

（二）

小菜仅为配菜，我国烹饪中主菜多煎炒烹炸熘烩……犹喜也善于用火，这是汉民族餐饮特色。

《吕氏春秋·本味》上说：“五味三材，九沸九变，火为之纪。”

调味除火候，核心其实在“调”。“调和之事，必以甘酸苦辛咸，先后多少，其齐甚微，皆有自起。”（《吕氏春秋·本味》）

五味甘为首。《淮南子》说：“味有五变，甘其主也；……炼甘生酸，炼酸生辛，炼辛生苦，炼苦生咸，炼咸反甘。”

在《金瓶梅》中，甜，直接体现在菜品中的不多，多见于主食及小菜中。《金瓶梅》第58回，西门庆生日，在家摆酒，多数客人走后，又重新摆碟，上的“都是蜜饯减碟，榛松果仁，红菱雪藕，莲子荸荠，酥油蚫螺，冰糖霜梅，玫瑰饼之类”，一色的都是甜食。

咱老祖宗早就点明了国人嗜甜的原因，也半遮半掩地说了饮食男女的关系。《管子》上说：“五味者何，曰五藏（脏）。酸主脾，咸主肺，辛主肾，苦主肝，甘主心。”

原来，作料关系着咱的心，更关系到咱的肾啊。

中国饮食博大精深，上古餐饮作料，甘、酸、苦、辛、咸，五大类，完全依五行相生相克原理，几千年前就确定了一整套理论体系。

厨爷厨娘们看好了：这是佳肴滋味重要的密码。

洋洋近百万言的《金瓶梅》，专家对餐食谱写得多了去了，我不赘述，但此书通篇写圣人说的四个字：饮食男女。这食与色的关联，究竟何在?

《金瓶梅》第 49 回，胡僧到西门家，“正是李娇儿生日，厨下肴馔下饭都有”。上来“一个碗内两个肉员子，夹着一条花筋滚子肉，名唤一龙戏二珠汤；一大盘裂破头高装肉包子……拿过团靶钩头鸡脖壶来，打开腰州精制的红泥头，一股一股邈出滋阴摔白酒来，倾在那倒垂莲蓬高脚钟内”。之后“又是两样艳物与胡僧下酒：一碟子癞葡萄，一碟流心红李子”。

呵呵，兰陵笑笑生的隐笔露出了马脚（不细扒了，辣眼辣心）！这种种“艳菜”虽未写用了什么劳什子作料，但仅仅字面所显现出来的，绝对与胡僧药有得一拼。

（三）

再大牌的厨师也不能通达各菜系，多数只是一招鲜，吃遍天。西门庆家有两个几百年来一直让人称绝的菜品：一个是伙计来旺媳妇宋蕙莲的烧猪头；一个是西门庆四老婆孙雪娥的鸡尖汤。

《金瓶梅》第 23 回："（宋蕙莲）只用的一根长柴，安在灶内，用一大碗油酱，并茴香大料拌着停当，上下锡古子（能严合缝盖的锡锅，上下相合圆形如鼓）扣定。那消一个时辰，把个猪头烧的皮脱肉化，香喷喷五味俱全。将大冰盘盛了，连姜蒜碟儿，教小厮儿用方盒拿到前边李瓶儿房里。"之后，宋蕙莲道："小的自知娘每吃不的咸，没曾好生加酱。"

各位看官，宋蕙莲的绝活儿，大多人以为在一根柴火上。其实，她的绝活，更多在油、酱、茴香、大料拌的配料上，加之姜蒜佐餐，自成手艺。她说的"加酱"，也是作料上的控制调和技术。

那时候的人口味重，这里用的"油"指香油。明《天工开物·膏液》中记："凡油供馔食用者，胡麻（芝麻）、莱菔子（萝卜籽）、黄豆、菘菜子为上。"推崇植物油。

胡麻是汉代时从西域引进的，唐、宋、明代时的香油一直是主流用油。明末刘若愚的《酌中志》，说宫内"香油、甜酱、豆豉、酱油、醋，一应杂料，俱不惜重价自外置办入也"。

而人人叫绝的鸡尖汤，却属酸辣清淡一路，但也是作料用法的独门绝技。

《金瓶梅》第 94 回："原来这鸡尖汤，是雏鸡脯翅的尖儿，碎切的做成汤。"孙雪娥"剔选翅尖，用快刀碎切成丝，加上椒料、葱花、芫荽（香菜）、酸笋、油酱之类，揭成清汤"。

这灶上的两大顶尖技术能手，在西门家复杂的食色战争中，似乎都将作料投错了地方。菜品虽然人人叫绝，可遇事儿时个个来踩。

有一点圣人没讲：食色是有阶级的。脍飞金盘，吴姬压酒，人面桃花，金戈铁马，即使在大脑中形成高潮，主子还是主子，奴才终是奴才。

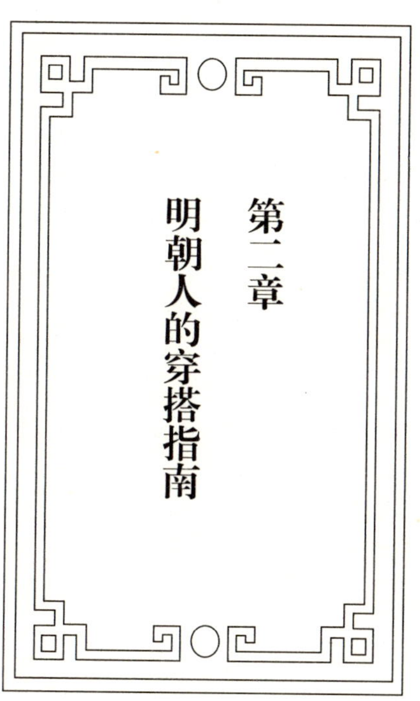

第二章 明朝人的穿搭指南

貂裘，那是真土豪的标配

土豪，什么时候都有，没有时代限制，唯一的不同是每个时代都各有各的特色。在大明朝，你是不是土豪，看一样东西就行：貂皮大衣。

但是，那时的貂都是野生的，可现在的貂皮能进入寻常百姓家是因为貂都是被大面积饲养的，这两种不同的获取方式和获取成本，也就导致土豪的标志彻底变了。

回到大明，貂皮大衣才是真土豪的标配，《金瓶梅》会告诉你为什么。

（一）

中国广袤千里，北寒南热。北方人穿貂皮大衣御寒还真有漫长的历史。

裘，为毛向外。《说文》在“表”字下说：“古者衣裘以毛为表。”古人早时穿裘，是有汉胡之别的。纯毛向外，那是对自己不恭，得穿外罩。古人的低调，不是今天人所能理解的。

但是，胡人可不管这劳什子礼数，光鲜的毛一定是向外的，那才气派。《诗经·国风·羔裘》曰：“一之日于貉，取彼狐狸，为公子裘。”貂生活于寒冷的北方，多为胡人所用，所以中原以狐裘为重。史书所记贵族衣裘，多为狐裘。

狐裘讲究用狐狸腋下之皮毛，那里的毛最轻暖。狐腋纯白，又称狐白裘。一件这样的白色裘装，不知要杀死多少只狐狸。这是古代最高档的羽绒服，为君王之服。

《晏子春秋·外篇》记：“（齐）景公赐晏子狐白之裘，玄豹之茈（cǐ，指衣边），其赀（价值）千金。”

这样的裘衣，一般人都不敢穿，因为那是僭越！弄不好就掉脑袋。

北方胡人之地，裘服多为貂皮制成。三国时，东北（那时称辽东）的貂已享誉中原（此时礼乐崩坏更甚）。但中原大面积流行貂裘，怕是在唐朝时期。那时，唐朝东北属国渤海国貂皮多输出到大唐。至于宋代，貂裘已成风尚。辽代属于肃慎族系的黑水靺鞨五国部女真“岁贡貂皮过万张”。到了《金瓶梅》作者兰陵笑笑生所处的万历年间，貂皮消费几近疯狂。

《金瓶梅》书写的“貂”就有貂皮袄、皮帽、暖耳、风领、围脖、披风等。

《金瓶梅》第 21 回：“西门庆把月娘一手拖进房来，灯前看见他家常穿着大红潞绸对衿袄儿，软黄裙子，头上戴着貂鼠卧兔儿，金满池娇分心。”

“貂鼠卧兔儿”是当时女子头上流行的毛皮饰物，在冬季戴的，主要用貂鼠皮和海獭皮制成。

貂皮在当时是奢侈品，很贵的。一般只能用单张的制成饰品。沈从文先生认为：“主要重在装饰效果，实无御寒作用。”

这毛茸茸的首饰是身价的标志，当时有钱的女人也忒能装高贵了。

当然，那时的男人也不甘人后。《金瓶梅》第 77 回，西门庆“一面分付备马，就戴着毡忠靖巾，貂鼠暖耳，绿绒补子氅褶，粉底皂靴，琴童、玳安跟随，迳往狮子街来”。

明万历刻本《御世仁风》插画中，官吏即戴暖耳。“暖耳”是用钩带缀套在冠帽上的，老百姓不许随便戴，戴了即是僭越、犯罪。

据明代版画，暖耳是耳部附加约四寸大小皮毛套子，似清代的耳套。也有全部套住帽子的，称为帽套，是官员入朝奏事时戴的。

《明史·舆服志》记载：明代万历以前，百官于十一月皆戴暖耳。“万历二年，禁举人、监生、生儒僭用忠静冠巾，锦绮镶履及张伞盖，戴暖耳，违者五城御史送问。”

看来，当时街道上有专门的纠查人员管这件事。但明代中后期政令难行，僭越已成常态。

（二）

人说大宋是一个奢侈的朝代，明代又何尝不是？

明朝大政摇摇欲坠，辽东建州女真在虎视眈眈，可一朝文武却不知国之将倾，还在貂皮上大用心思。

《金瓶梅》第 38 回：“西门庆穿着青绒狮子补子坐马，白绫袄子，忠靖段巾，皂靴棕套，貂鼠风领。”

此时的貂已完成多产品、多品牌的延伸，风领类似今天棉大衣的大毛领。

大明之奢靡，亦传到了附属国。近邻李氏朝鲜，对于貂皮的迷恋更甚。15 世纪，如果哪个贵妇没个貂皮大衣，她都不配叫贵妇人。

当时附属国的效仿往往过犹不及，他们的农民为了以貂抵缴税，常不惜用一头耕牛，去换女真人的一张黑貂皮。

但是，一件上好的貂裘可绝不止一张貂皮。

拥有一件貂皮大衣，那可不是戴件貂皮首饰那么容易。

《金瓶梅》第 46 回写了这么一件事：吴月娘带西门众妾到自己嫂子家吃酒，天下雪了，因而叫人取皮袄，“吴月娘是貂鼠皮袄，孟玉楼与李瓶儿俱是貂鼠皮袄”。

实际上，这天儿不冷，因为“头里下的还是雪，这会儿沾在身上都是水珠”。

雪转雨了，那时的气温应该在零度以上。北方貂皮大衣怎么也得零下时才穿。吴月娘这是一门心思地想炫富，裘皮还不淋湿了？这群败家女人真是让人没有办法。

明代宋应星在《天工开物》中记："一件貂裘需貂六十余只。"今天的裘皮大衣哪有这么用料的？可见当时的貂皮大衣奢侈异常。

而这样一件貂裘值多少银子呢？《金瓶梅》第74回，潘金莲提出要李瓶儿（已病逝）的貂鼠皮衣。西门庆说："那件皮袄值六十两银子哩，油般大黑蜂毛儿。"

当时，三十五两可买三间房（西门庆为他朋友买房就曾花了这价钱），可见，貂裘赛过今天的奔驰车！

要知道，明代正一品的大员，法定月薪也就是六十两零九钱白银。至于最基层的正九品官员，一年的工资只有四十两银子，不吃不喝一年半才买得起一件貂皮大衣。

《金瓶梅》第46回，商人李智为还债，拿一件皮袄"准折了十六两银子"；第68回，纨绔子弟王三官儿因没钱包妓女、付嫖资，没办法只能"将皮袄当了三十两银子"。

拿到当铺的东西，抵押价如果能到物品原价的一半，就得烧高香了。

没有土豪的底子，买个貂裘穿出去装，也是养不起的，到头来还是成了别人的。

（三）

偏偏，西门庆就是这样的土豪。天稍微一冷，就有了穿貂的机会。

《金瓶梅》第 77 回：“西门庆见天阴晦上来，但见彤云密布，冷气侵人……忽然想起要往院中郑月儿家去，即令琴童：‘骑马家中取我的皮袄来……’琴童应诺，到家不一时，取了西门庆长身貂鼠皮袄。”

在清河县但凡有头有脸的，但凡还被人称土豪的，出门不穿貂，还真不好意思。

《金瓶梅》第 78 回：“蓝氏穿着大红遍地金貂鼠皮袄，翠蓝遍地金裙；林太太是白绫袄儿，貂鼠披风。”

这是招宣府林太太与儿媳到西门家做客。不过，看官千万别把那貂鼠披风当成今天的披风。那只是明代的帽子，很多专家都错解了。

这种披风，在《酌中志》也曾详细介绍过：“旧制，自印公公等至牌子煖殿，方敢戴（披风）。其余常行近侍，只戴煖耳。其制用元色素纻作一圆箍，二寸高，两旁缀貂皮，长方如披肩。凡司礼监写字起，至提督止，亦只戴煖耳，不甚戴披肩也。”

明代商人和太监一样，都在悄悄地僭越。社会的大转型，让流行宫廷的时尚，迅速在民间遍地生长。光一个小小清河县，穿貂皮的就不少。这么多的貂，是从哪儿来的？

《天工开物》上说：“貂产辽东……其鼠好食松子，夷人夜伺树下，屏息悄而射取之……色有三种，一白者曰银貂，一纯黑，一黯黄。”这三种貂皮之间，黯黄色的品列最下。

《金瓶梅》第 46 回，西门众妻妾元宵夜游，独潘金莲没穿貂儿，当月娘要把件黄貂给潘金莲穿时，她看不上：“黄狗皮也似的，穿在身上教人笑话。”

大明貂的产地，西门庆也说了，来自辽东。《金瓶梅》第 77 回，西门庆道："不打紧，昨日舍伙计打辽东来，送了我十个好貂鼠。你娘们都没围脖儿，到明日一总做了，送一个来与你。"

正是因为当时流行，貂皮也是明朝官僚送礼行贿的首选。

《金瓶梅》第76回，忽平安儿来报："云二叔新袭了职，来拜爹，送礼来。"西门庆听言，忙道："有请。"只见云理守穿着青纻丝补服员领，冠冕着，腰系金带，后面伴当抬着礼物，先递上揭帖，与西门庆观看。上写："新袭职山东清河右卫指挥同知门下生云理守顿首百拜。谨具土仪：貂鼠十个，海鱼一尾，虾米一包，腊鹅四只，腊鸭十只，油低帘二架，少申芹敬。"

"芹敬""芹献"都是士人送礼的谦辞，这些礼若没有这十个貂，芹敬便当之无愧。

在明代，辽东实际上还是边陲地区。明朝政府一直修筑辽东长城就是为了抵御蒙古人。明政府甚至在辽东都不设州县，而是设置"都司"（明代各省的军事机构）。可转眼间，辽东易主，大明倾颓。

不过有种奇葩的说法。说建州女真在与明朝的貂交易中，不仅换取军备，还由于貂越来越少，只好向北统一了女真各部，以求更多的貂皮，一不留神就做大了。大明攫取辽东的貂皮，也是在为自己的天下掘挖着坟墓。

看来，西门庆犯的错误不只作风问题那么简单，他还得为大明社稷灭亡负一定责任。

制服，穿飞鱼袍的都是什么人

制服，永远存在着诱惑，特别是皇家制服。就如同清宫戏中一群穿着黄马褂飞扬跋扈的家伙，让人感觉高人一等啊！

《金瓶梅》这部明代奇书，虽然写了一个商人的跌宕奢侈的人生，可对皇家制服，却多有涉猎。

商人也是人，在这样强烈的诱惑面前也不能免俗：弄件皇家制服，时不时地偷穿一下。这要是在明初，可是要掉脑袋的。但是，晚明服制崩坏，国将不国了！

（一）

衣者，章也。服制是一个国家法统、级别的体现，历代王朝没有不重视的。

明代，蟒服、飞鱼纹饰都与皇家龙衮服纹饰极为相似，如若不具备相应知识，极易混淆为“龙”。“龙”是天子，也代表江山，这件事关乎天子威严，马虎不得。

明初功臣长兴侯耿炳文，曾颇得明太祖器重。洪武末年（1398年），诸公侯几乎被杀尽，唯存耿炳文与武定侯郭英，“燕王称帝之明年，刑部尚书郑赐、都御史陈瑛弹劾耿炳文衣服器皿有龙凤服饰，玉带用红鞓，僭妄不道。炳文惧，自杀”。

呵呵，在家偷偷僭越，还没等皇帝吱声，自己就吓死了。可见明初江山一统，皇家天威是何等强大。

到了晚明，天现亡明之兆。极易令人混淆的蟒、飞鱼、斗牛之服，被不懂事的皇帝自己搞乱了。

除蟒服、飞鱼服等制服之外，还有“赐服”。这本不属于文、武官员的标准制服，但作为皇帝对臣下的一种极高礼遇，赐服，对臣子而言是极高的荣誉。穿上皇帝赐的衣服出去晃荡，那是让祖宗八代都添彩的事啊！

明代能得到“赐服”特殊服饰的大致有三类人：

第一类是少数功臣及其后裔。这群人因身份特殊，得到高于自身品级官服的特别赏赐。这样的赐衣，有机会一定要穿上。

《金瓶梅》第 65 回，皇帝钦差黄太尉到山东视察工作，“穿大红五彩双挂绣蟒，坐八抬八簇银顶暖轿，张打茶褐伞”。

《明史·舆服志》记载：“文臣有未至一品而赐玉带者，自洪武中学士罗复仁始。衍圣公秩正二品，服织金麒麟袍、玉带。”

第二类是赐给宫中宦臣。皇帝以蟒服为赐服，下赐近侍臣属，并不是首先从大臣开始的，而是从宫内宦官开始的。

《明史·舆服志》引《大政记》：“永乐以后，宦臣在帝左右，必蟒服。”

宦官专权是明代皇权政治的一大特色，明末此风尤盛。

大明规矩的崩坏，多是从宦官开始的。《金瓶梅》第 70 回，西门庆赴京，“只见一个太监，身穿大红蟒衣，头戴三山帽，脚下粉底皂靴”。

第三类是赐外番之王。《明史·舆服志》：“永乐中，赐琉球中山王皮弁，玉圭，麟袍，犀带。”

（二）

严格地说，蟒服、飞鱼服、斗牛服及麒麟服不是服装制式，而是一种花纹样饰，它们可以出现在各种服饰上。

蟒服，《尔雅》称：“蟒，蛇最大者，故曰王蛇。”明代蟒纹是仅次于龙纹的高级纹饰，造型与龙几乎一样，区别就在爪子，蟒有四只爪，龙是五只。

皇家制服，蟒服在赐服中的位置等级排第一位。《明史·舆服志》：“赐蟒，文武一品官所不易得也。单蟒面皆斜向，坐蟒则正向，尤贵。”

飞鱼服：居其次的是飞鱼纹。《林邑国记》说：“飞鱼身圆，长丈余，羽重沓，翼如胡蝉。”飞鱼是一种龙头、有翼、鱼尾形的神话动物。

宋辽时，飞鱼是摩羯鱼，其头部似龙，两足，四爪，有双翼，鱼尾，有腹鳍一对。

《金瓶梅》第71回，何太监从后边出来，穿着绿绒蟒衣，冠帽皂靴，宝石绦环。何太监怕西门庆冷（刚成为何太监侄子的领导）说：“拿我穿的飞鱼绿绒氅衣来，与大人披上。”

西门庆是官场混的人，自然知道乱穿赐服的利害，当然，也是假谦让。答道：“老先生职事之服装，学生何以穿得？”

何太监说起话来，狂得很：“大人只顾穿，怕怎的！昨日万岁赐了我蟒衣，我也不穿他了，就送大人遮衣服儿罢。”何太监这是在说，一来皇帝先赐飞鱼氅衣，又赐蟒衣，显天恩浩荡，他正在得宠；二是把飞鱼赐服相送，说明他重礼交结人，而且手中权威无限。

这老家伙厉害，一箭双雕啊！

斗牛服：斗牛纹是次于蟒纹和飞鱼纹的赐服纹样。明代斗牛为蟒形，鱼尾，头双角向下弯曲如牛角状，也称牛角龙形。

《金瓶梅》第70回，西门庆进京述职：“轿八抬八簇肩舆明轿，轿上坐着朱太尉，头戴乌纱，身穿猩红斗牛绒袍，腰横四指荆山白玉玲珑带，脚靸皂靴，腰悬挂太保牙牌、黄金鱼钥。”好不显赫威严！

麒麟服：麒麟是传说中的动物，形状像鹿，全身有鳞甲，牛尾马蹄，有一只肉角。

“补”即缀于补服的前胸及后背的一种图像印记。明官服至洪武二十四年（1391 年）创制为补服，是明代官吏的常服。常服用补子分别品级，文官绣鸟，武官绣兽，文官一品绣仙鹤，二品绣锦鸡，三品绣孔雀，等等。命妇依其夫官职而定。

《金瓶梅》第 40 回，西门庆为众妻妾裁制新衣，先裁吴月娘的：“一件大红遍地锦五彩妆花通袖袄，兽朝麒麟补子段袍儿。”

吴月娘此刻已经是正规的官员家属，麒麟补子服就是标志。僭越就僭越吧，反正当时也没人管这些了。

《金瓶梅》第 78 回，何千户娘子蓝氏：“身穿大红通袖五彩妆花四兽麒麟袍儿，系着金镶碧玉带。”这蓝氏是京师黄六太尉的外甥女，也是从穿着上告诉人家：自己朝中有人。

明末什么人都能越制穿衣，服制这点事，越来越不成体统。

明代山东《博平县志》记载：“由嘉靖中叶以来以抵于今，流风愈趋愈下，惯习骄吝，互尚荒佚，以欢宴放纵为豁达，以珍味艳色为盛礼。其流至于市井贩鬻厮皂走卒，亦多缨帽缃鞋，纱裙细袴，酒庐茶肆，异调新声，汩汩浸淫，靡焉不振。甚至娇声充溢于乡曲，别号下延于乞丐，逐末游食，相率成风。”

（三）

飞鱼服不是人人都可以随便穿的，只有皇帝特别赏赐的人才能穿着。一般来说，只有锦衣卫官员在一些重大场合时才能穿。

锦衣卫起初不叫此名。《明史·职官志》记载："明初，置拱卫司，秩正七品……洪武三年，改为亲军都尉府，管左、右、中、前、后五卫军……四年，定仪鸾司为正五品，设大使一人，副使二人。十五年，罢仪鸾司，改置锦衣卫，秩从三品……"

锦衣卫的制服用云锦中的妆花罗、妆花纱、妆花绢制成。但是，明代官服制之乱，如大明将倾，谁都挡不住。既然朝廷不管，就有人或公开或私下地，都穿穿制服，沾沾龙气。

《金瓶梅》第73回：伯爵灯下看见西门庆白绫袄子上，罩着青段五彩飞鱼蟒衣，张爪舞牙，头角峥嵘，扬须鼓鬣，金碧掩映，蟠在身上，唬了一跳，问："哥，这衣服是那里的？"

其实，这只是应伯爵大惊小怪，不知道世道变什么样了。

《明史·舆服志》载："正德十六年，世宗登极诏云：近来冒滥玉带，蟒龙、飞鱼、斗牛服色，皆庶官杂流并各处将领夤缘奏乞，今俱不许。武职卑官僭用公、侯服色者，亦禁绝之。嘉靖六年复禁中外官，不许滥服五彩装花织造违禁颜色。"

中国古代的政事，反着看最见实际。一下令禁行，便是已乱得不行了。

按照明朝制度，锦衣卫的正三品堂上官可以着大红纻丝飞鱼服，能穿飞鱼服的人基本上属于锦衣卫军官，飞鱼纹可以用在圆领衫、直身、道袍、贴里、曳撒等多种服装上；飞鱼可以带翅膀，也可以不带翅膀……

明朝人自己也分不清这些区别，虽然明朝历代皇帝不断下旨禁止乱穿飞鱼服、斗牛服，但皇帝自己任性，胡乱赏赐，便导致情况越来越乱。

官员互相送礼，也是从苏杭各地淘弄各种皇家制服衣料，并且成为一种时髦。《金瓶梅》第 35 回，西门庆东京送礼："到李瓶儿那边楼上，寻了两匹玄色织金麒麟补子尺头，两个南京色段，一匹大红斗牛纻丝，一匹翠蓝云段。"

《金瓶梅》第 70 回，官员赴京述职，都没空着手，何千户是"两匹蟒衣、一束玉带"；西门庆是"一匹大红麒麟金段、一匹青绒蟒衣、一柄金镶玉绦环"。

过去，皇帝及百官冠服，是由工部所设织染所和内府监所设内、外织染局负责监制，内府监的内织染局负责染造御用及宫内应用缎匹绢帛；外织染局负责织造官府公用丝绸。

南京除设内外织染局外，司礼监又设有织造祭祀用丝绸的神帛堂，此外在浙江的杭州、绍兴、金华等地均设局，其中以苏州、杭州两府的织染局规模最大。

《明实录·神宗万历实录》记：万历三十三年（1605 年），工部上报"用袍段一万六千余套匹，又婚礼段九千六百余套匹……昨内库新派改段一十八万余匹"。

内府监生产的量已远远不能满足皇家及赐服的需要了，因此不得不向地方"改派"上贡制服。到了地方上，乱制违禁面料不说，穿着赐服会情人、炫身价、砸场面，那也是西门庆的手段。

《金瓶梅》第 78 回，西门庆会林太太，"脱去上盖，里边穿着白绫袄子、天青飞鱼氅衣，粉底皂靴，十分绰耀"。

这件飞鱼鳖衣，确实让林太太心旌摇曳，分外动情。一个小小的清河县，就能满街巷塞满了穿皇家制服之人，可见服制是何等混乱！

见微知著，一个小小的服饰之变，亦如大洋对岸蝴蝶的翅膀，正在悄悄扇动酝酿着一场风暴。

一部书，一件制服，反映的是一个王朝的兴衰。

纽扣，锁得住寂寞吗

纽扣儿，凑就的姻缘好。你搭上我，我搭上你，两下搂得坚牢，生成一对相依靠。系定同心结，绾下刎颈交。一会儿分开了，一会儿合拢了。

——明·冯梦龙编《挂枝儿》

过往的许多事情，早让古人们细致地观察和体验过了。就说这纽扣吧，与中华博大历史相比是短了点，可它也是有着千年沧桑的物件。

其实，这支今人觉得写出男女之情新意的小曲，不过是明人玩腻了的滥调。此等小曲，只唱于青楼酒肆，上不得什么台面。但是，它却道出了与咱日日相伴的纽扣，在明朝广泛使用的状态。

《金瓶梅》里大量描写了市井生活的场景，其中对当时流行的纽扣，也加以特别的留意。小小纽扣在女人身上，真的能扣得住什么吗?

(一)

纽扣似乎属于女人，可解扣的总是男人。

明代大量涌现了一种子母扣式纽扣，扣子有两头，扣眼在中间以柄套环，使用者主要是女性。

因为，明代这种纽扣已经首饰化。材质是金银自不必说，即便是铜的也多施以鎏金，有钱的还镶嵌了绚美的宝石。

明末《朱氏舜水谈绮》云："造衣帛及色与道服同，但披风对衿而无镶边……膺（胸部）有纽扣，用玉作花样，或用小带亦可。"这里用玉作花样，就是说玉纽扣，花式繁多。

明俗曲《挂枝儿·佳期》云："金扣含羞解，银灯带笑吹。"男欢女爱，离不得含羞解扣。这些都说明金属纽扣的使用已经深入民间。

《金瓶梅》第2回，西门庆初见潘金莲场景，作者就特意留意了纽扣："头上戴着黑油油头发䯼髻，口面上缉着皮金，一迳里踅出香云一结，周围小簪儿齐插，六鬓斜插一朵并头花，排草梳儿后押。难描画八字湾湾柳叶，衬在腮两朵桃花……毛青布大袖衫儿，褶儿又短，衬湘裙碾绢绫纱。通花汗巾儿袖中儿边搭剌，香袋儿身边低挂，抹胸儿重重纽扣，裤腿儿脏头垂下。"

潘金莲这出场，一亮相就性感迷人。"抹胸儿重重纽扣"暗示扣子扣得再紧，最后还得解……

这里的“抹胸”，不是指兜肚，兜肚称“抹腹”，史籍对此记录多语焉不详。让咱们这些后辈子孙，不知道过往风骚的佳人里面穿着什么样的高级文胸。

现在你能看到的大多是对襟或侧襟内衣，有很多的扣子，扣子多是为了方便调节松紧，扣子少了反而不行，一松扣就走光了。

严格地说，咱们古时的纽扣在一开始是纽。纽：从系，与线绳有关，本义指可解的结。最早的衣服纽扣应该是用绳带系的。

《说文》曰：“纽，系也；一曰结而可解。”扣：用以扣合衣服的纽结。纽，作名词用；“纽扣”一词，起源于纽。

《史记》上说：“伯夷、叔齐扣马而谏。”扣马，又作拉住马。“纽扣”就是这么从纽到扣而来的。

明代字书《正字通》云：“俗谓衣纽曰扣。”

此时纽扣已广泛使用，可见于当时各类书中。明代《西游记》第72回中，写盘丝洞年轻的女妖精下热汤洗澡时：“褪放纽扣儿，解开罗带结……”

可以看到，那时扣、带是并用的。带，在明代时多指裙带、裤带、裤角带、袜带（袜子不像今天有松紧性）等。

明代女人的内衣大多也是系扣，不是今天人们想象的用一块布裹着，而且明代时流行的是对襟内衣，一定得有扣子。

《金瓶梅》第75回，“西门庆一面解开他（如意儿）穿的玉色绸子对衿袄儿纽扣儿，并抹胸儿……”

（二）

纽扣扣得住的是肉体，扣不住的是心思。元明靡靡之音，总爱打纽扣的主意，也是因为当时纽扣的形状，古人称：一阴一阳是为道。纽扣一公一母正合此道。

无论是子母扣、粒形扣、币式扣与盘扣，均得纽扣套入纽襻或纽眼扣合起来，那是咱祖宗《易》的智慧。

明代许多讲究的纽扣，是嵌宝石的。《金瓶梅》第 65 回，西门庆书童偷东西跑路了:“钥匙挂在墙上,大橱柜里不见了许多汗巾手帕,并书礼银子、挑牙纽扣之类,西门庆心中大怒,叫该地方的管役来……”

书童竟然偷纽扣，一定是看上纽扣上面的东西了。

西门庆家的纽扣，还有金的。《金瓶梅》第 90 回，孙雪娥与来旺合伙偷盗被抓：“向雪娥名下，追出金挑心一件，银镯一付，金钮五付，银簪四对，碎银一包……”

这么奢华的金钮得是什么样的女人才会配在衣服上?

这样的金钮，明代真有用的。明代小说《西游记》第 60 回，孙悟空二借芭蕉扇时，变身牛魔王，与铁扇公主眉来眼去调情。铁扇公主浓情绸缪：“合欢言语不曾丢，酥胸半露松金钮。”

这个“金钮”也是指胸衣上的扣。

明代汤显祖《牡丹亭》，“惊梦”一折里唱：“和你把领扣松，衣带宽，袖梢揾着牙儿苫也……”

古人这么煽情炽热地捅词，咱这些不知风骚为何物的粗鲁后人，真是“此时此际难为情”啊。

“华夏乃衣冠上国”，这话说来惭愧，因为最初，纽扣并未广泛使用。

服饰方面的史家认为，纽扣初起源于戎甲之上。战国时代军队皮甲连缀上、下等几块，就是以纽扣连接的。

其实，早在周时，小纽就有使用。《周礼》曰：“弁师掌王之五冕，朱里延纽。（纽，小鼻贯所贯。）”这是说周天子的王冠上面有个小纽，穿系后固定在头上。只是这个“纽”还没用到衣服上罢了。

唐代以后，纽扣的使用才更普遍，南宋文人周密《武林旧事·小经纪·他处所无者》（小商品一类）中，亦有“纽扣子”一项。

明代，诞生了竖领服（多为白色），领处缀纽扣便很快流行了起来，用两个金属纽扣点缀，再罩上外衣，让女性更显气场。

那时，女人穿对襟短袄，衣襟一般都缀五对纽扣，如有竖领，领上另缀两对纽扣。

《金瓶梅》第 14 回：“潘金莲上穿了沉香色潞绸雁衔芦花样对衿袄儿，白绫竖领，妆花眉子，溜金蜂赶菊纽扣儿，下着一尺宽海马潮去羊皮金沿边挑线裙子，大红段子白绫高底鞋，妆花膝裤。”

潘金莲这件竖领衣服的纽扣讲究得很，鎏金蜂赶菊款。

古人的衣着，远非今天人能想象。穿在身上的不光是美，还有文化气息。

唐大历十才子之一的诗人耿湋《寒蜂采菊蕊》诗：“游飏下晴空，寻芳到菊丛。带声来蕊上，连影在香中。”

这种竖领服上不仅有子母扣式纽扣，还有蝶恋花纽扣、莲蓬童子及葵花纽扣、灵芝纽扣、福寿纽扣、“卍”字纽扣等。

制作考究的纽扣，还要镶嵌红蓝宝石、珍珠作为装饰，那等珠光宝气，放在今天也会让女人为之疯狂。

（三）

不是我不明白，这世界变化快。唐代时，女装还是流行系带，“罗襦宝带为君解，燕歌赵舞为君开”，到大明一朝，已是“纽扣微松，梨花带露倚春风”了。

纽扣的使用，在露与不露之间，如雪肌肤嫩得带水，如何让人不联想？纽扣的香艳情话，一扫系衣带的烦琐，更直白地抒发扣不住的欲望。

《金瓶梅》第 1 回就写，潘金莲“梳着一个缠髻儿，着一件扣身衫子”。

“缠髻儿”为低梳尖巧实心髻，而“扣身衫子”是一种凸显曲线的对襟内衣。

《金瓶梅》第 67 回，潘金莲到书房找西门庆的穿着是：“上穿黑青回纹锦对衿衫儿，泥金眉子，一溜摷五道金三川纽扣儿；下着纱裙，内衬潞绸裙，羊皮金滚边。”

“摷”是缝纫的意思。潘金莲的对襟衫是五道三川鎏金纽扣，“三川”应是花纹样式。

币式扣也是从明代开始兴起的，它被广泛使用在罩甲、比甲（罩甲与比甲均指无袖的背心）或里面衬衣的竖领上。

明代女装有时为强化装饰，多达九重纽扣。明人解缙有诗：“春心若肯牢关锁，纽扣何须用许多。”

文人戏弄笔墨，爱往下三路引，这是当时风气。但女人看男人，有时也会被金闪闪的纽扣所迷惑。

《金瓶梅》万历本第69回中，林氏与西门庆偷情，林氏窥视他“身穿紫羊绒鹤氅，脚下粉底皂靴，上面绿剪绒狮坐马，一溜五道金钮子”。

鹤氅是中国古代传统汉服，早期多鹤羽制，实为无袖斗篷。明代刘若愚《酌中志》记载：“氅衣，有如道袍袖者，近年陋制也。旧制原不缝袖，故名曰氅也，彩素不拘。”

明制鹤氅，分有袖和无袖两种。亦为道人服。西门庆穿的应为无袖斗篷，披身如鹤。这东西披在肩上很酷、很潇洒。唯“狮坐马”令人费解。

古有一种套在外面的无袖戎装，便于骑射，明人称坐马衣。明代徐渭《雌木兰》第一出：“绣裲裆坐马衣，嵌珊瑚掉马鞭，这行装不是俺兵家办。”

西门庆穿的绿剪绒狮坐马衣，就是在坐马衣外配上了一条狮头绦带。这种衣服表现的是军旅戎服的雄壮之风；五道金扣，分明是戎服上的金扣，散发出浓浓的雄性男人味，富有而耀眼。

仅这金晃晃的纽扣，得闪着多少女人的双眼？物欲横飞，清心何在？

帽子，是礼节更是身份

戴帽子，是古人看得很重的礼仪。只是，“帽子”这个词历史不长，它的前身叫“冠”。

《左传·哀公十五年》记了件孔圣人弟子子路以命卫冠的事：卫国动乱，子路劝解，这个书生想不到乱人“以戈击之，断缨。子路曰：‘君子死，冠不免。’结缨而死”。

这是中国历史上很有名的帽子事件。司马迁《史记》也提到了同一件事。中国两部最牛的史书，都在有限的篇幅写冠，可见，戴帽子对中国人有多重要。

《金瓶梅》一书可以说是明代女性服装博览会（俺以后会写），也可以算得上明朝男性帽子大全。

（一）

汉族男子成人礼是冠礼，女子是笄礼，男人顶天立地，从头开始。

古代中国作为衣冠上国，向来讲衣冠一体，而且冠巾与礼服象征着身份地位。男人二十岁弱冠，衣冠齐整才算是人格完整，才能出门见人。

古人将戴在头上的帽子称为头衣，又称服元。帽子是礼节，更是身份。明代的缠棕大帽就是一例，这种用棕毛编制的礼帽在当时广为流行。此外，明代人头上戴的花样繁多，看《金瓶梅》体会最深。

清代叶梦珠《阅世编》卷八《冠服》中说："其冠棕结草帽如笠而高，服大红斗牛锦绣以壮观。"又说："良家清白者，领上以白绫或白绢护之，示与仆隶异。所戴之冠，夏则结棕，价值数金。"

"价值数金"是什么概念？在《金瓶梅》中，买一个能上灶的丫头才要五两银子。

《金瓶梅》中西门庆戴过这种帽子。第7回中，西门庆到孟玉楼家相亲，特意打扮了一番："头戴缠棕大帽，一撒钩绦，粉底皂靴，进门见婆子拜四拜。"

"一撒钩绦"是啥？据清代毛贽编纂《识小录》记载，明代山东莱州府"举人衣纻丝袍，腰束丝绵绦"，与官员的革带一样是从后穿过衣身带襻虚悬于腰间。这"一撒钩绦"是民间模仿官员的玉带，大明朝此时的服制已然乱了规矩。

西门庆要娶孟玉楼这小富婆，必须得给她一种潇洒、阔绰的形象。

但是，缠棕帽很快就出现了仿制品。范濂《云间据目钞》卷二《记风俗》写：“鬃巾始于丁卯以后……今义有马尾罗巾，高淳罗巾，而马尾罗者与鬃巾乱真矣……万历以来，不论贫富皆用鬃，价亦甚贱，有四五钱七八钱者。”

明代，男人冠又称巾。冠巾的使用，有时候也表现了人们复杂的心理状态。

《金瓶梅》第 19 回，西门庆在后晌时分娶李瓶儿过门，他自己则“深衣幅巾在家新盖的房内，单等妇人进门”。

西门庆为何要如此打扮？

西门庆娶李瓶儿前，李瓶儿寂寞难耐招赘了医生蒋竹山，这蒋竹山是读过书的，也曾深衣幅巾。

幅巾又称巾帻，或称帕头，是用整幅帛巾束首，多裁取一幅即长度和门幅（幅宽）各三尺的丝帛做成。从额前往后包发，并将巾系紧，余幅使其自然垂后，垂长一般至肩。

用葛布制成的称为“葛巾”，多为下层布衣庶人所用；用细绢制成的称为“缣巾”，多为士公雅士所用。

这西门庆之所以打扮成雅士之相，就是为了要与蒋竹山比比。

（二）

帽子戴得不讲究，是有身份之人的大忌。所谓以貌取人是有文化根缘的。

《金瓶梅》中有种瓦楞帽，这是北方游牧民族的传统帽饰。明代田艺蘅所撰《留青日札》说官民皆戴，形似古代兜鍪，其檐或圆，或前圆后方。帽顶折叠似瓦楞，故名。

明代时，这种帽子在春夏时节人们常戴。《金瓶梅》第 98 回："那时约五月，天气暑热，经济穿着纱衣服，头戴着瓦垅帽，金簪子，脚上凉鞋净袜。"

元代为了体现等级差异，在 1314 年的时候作了关于服装的统一规定：汉人官员保持唐圆领衣和幞头，而蒙古官员多穿合领衣戴"四方瓦楞帽"。不过帽式有高低宽窄，且往往镶珠戴玉，以体现等级差异。

《金瓶梅》第 8 回：春天里，西门庆初遇潘金莲，就被潘金莲把帽子扔了。"慌的王婆地下拾起来，见一顶新缨子瓦楞帽儿，替他放在桌上。"

这"缨子"是帽系带，不是红缨。

明代大画家仇英画的《清明上河图》，是明代最有名的版本。他一共画了 2012 个人物，其中的一千多个男人，无论官宦士子、贩夫走卒，没一个裸发，最次也戴网巾。

由此可见，不戴帽子出门是人之大耻，只有犯罪分子才裸发。

《金瓶梅》第 69 回，作为武学生员的王三官被无赖敲诈，私下到提刑官西门庆家求情："这王三官儒巾青衣，写了揭帖，文嫂领着，带上眼纱，悄悄从后门出来……西门庆头戴忠靖冠，便衣出来迎接，见王三衣巾进来，故意说道：'文嫂怎不早说，我亵衣在此。'便令左右：'取我衣服来。'慌的王三官向前拦住：'呀，尊伯尊便，小侄敢来拜渎，岂敢动劳。'"

"儒巾"在当时代表一种身份，而西门庆虽戴冠，可是与便装不配。西门庆内心看不上王三官，只是世故而嘴上出此言。

据明代史籍记载，男子的巾帽有几十种。戴的冠巾款式有汉巾、晋巾、唐巾、诸葛巾、纯阳巾、东坡巾、阳明巾、九华巾、逍遥巾等多种。甚至还有用马尾织成的巾，这种马尾巾则又有瓦楞、单纱、双丝的区别。而明代山中道士燕居之首服多为雷巾，而雷巾是不能戴之入朝的。

《金瓶梅》第 39 回，西门庆玉皇庙行醮，只见吴道官“头戴玉环九阳雷巾，身披天青二十四宿大袖鹤氅，腰系丝带，忙下经筵来”。

明《三才图会》记其形制：“制颇类儒巾，唯脑后缀片帛，更有软带二，此黄冠之服也。”

各色人等，首服千般。明代人自己也感叹：“首服之侈汰，至今日极矣。”

（三）

当时民间使用最为广泛的是网巾、万字巾、四方平定巾和六合一统帽。

《金瓶梅》第 1 回，武松首次亮相的装束是：“头戴着一顶万字头巾，上簪两朵银花；身穿着一领血腥衲袄，披着一方红锦。”

呵，武二郎穿红簪花，有点浪子燕青的派头。而这万字巾形状上阔下窄，状如“万”字，明代以前多用于庶民，明初规定为教坊司之服，后广泛用于武艺教头。

明代官吏公开场合多戴忠靖冠。在那个时候，帽子非常盛行，白绫袄也流行。此冠《金瓶梅》中西门庆常戴。第46回，元宵节，西门庆邀客喝酒赏烟花。西门庆“带忠靖冠，丝绒鹤氅，白绫袄子”；第69回：“不想林氏悄悄从房门帘里，望外观看西门庆：身材凛凛，语话非俗，一表人物，轩昂出众。头戴白段忠靖冠。”

忠靖冠是以铁丝为框，乌纱、乌绒为表，帽顶略方，前饰冠梁，压以金线；四品以下不用金线。

这里要注意：古人帽子必须是深色的，而西门庆戴的是白色忠靖冠，白色代表孝服，表明此时西门庆是为李瓶儿戴的孝。

网巾是明代成年男子最常戴的束发冠，用黑丝、马尾、棕丝、人发等编织。网巾一般在冠内，也是男人成熟的标志。

明末褚人获的《坚瓠集》写过咏网巾的诗：“结发前过十七春，凭兹弱冠说成人。蓬头宁敢加元冕，棋服曾看映角巾。”

这个崇祯年间的文士是在说，他是十七岁时，束头发戴上网巾的。

受明朝的影响，朝鲜、越南的男子也使用网巾。明代成年男子不戴网巾常被视为流民罪人。

《金瓶梅》书中关于网巾的描述处处都有。第95回，春梅问玳安：“几时拢起头去包了网巾？”还有西门庆要潘金莲头发，骗她说做网巾的描写。

至今有人将仇英的《清明上河图》中的男人误视为裸发，那是由于网巾与发色相同。放大看，个个都戴网巾。官宦士子还要在网巾外再加冠巾。至于普通小民，只是在网巾外再戴小帽。

《金瓶梅》第 41 回，吴月娘将官哥与乔大户家女儿结亲。西门庆道："既做亲也罢了，只是有些不搬陪些。乔家虽如今有这个家事，他只是个县中大户，白衣人。你我如今见居着这官，又在衙门中管着事。到明日会亲，酒席间他戴着小帽，与俺这官户怎生相处？"

"白衣"是普通人，戴小帽的与戴乌纱帽的怎能酒桌上坐在一处？门不当户不对的，西门庆考虑问题是很实际的。

此外，小帽也是官员士子闲居时随意穿戴的亵服。《金瓶梅》第 35 回，写西门庆送白来创出门："西门庆送到二门首，说道：'你休怪我不送你，我带着小帽，不好出去得。'"

白来创是个经常上门来揩油的穷小子，西门庆极讨厌他，所以穿亵衣相待。

明末，礼崩乐坏、服制混乱显然也不是一两年的事了。

如今，衣冠楚楚者、沐猴而冠者鱼龙混杂，早已与冠无丝毫关系。

衣服，华丽的裙裾里面穿什么

汉族其实是个挺含蓄的民族。

“非礼勿言，非礼勿听”，让咱国许多历史几乎成了空白。历代的“舆服志”“正史”“野史”典籍，只能让人看到光鲜亮丽的外搭。

至于在这些华丽的裙裾里面，是怎么穿的、都穿什么，很多专家都如坠云雾，莫衷一是。

（一）

许多事情也怪不得专家。且不说400年时光都过去了，咱们的先贤根本就没把服装当历史，就是往深处考究，那份难为情——衣服里面是什么样子……呵，也真不能写。

咱国地跨南北，气候差异极大。江南两个季节，北方是四季。仅从《金瓶梅》看，春夏秋冬穿着极其不同。关于《金瓶梅》中女性的服饰，专家说的是最多的，我再赘述已毫无新意。那就从一个“时尚”扒起。

400 年前，一种装扮风靡咱国北方：白绫袄配比甲，曾让大明朝的女人们发狂。

这样的打扮，出现最多的时节就是元宵节。《金瓶梅》第 15 回，正月十五，西门庆与众妻妾观灯，“李娇儿、孟玉楼、潘金莲都是白绫袄儿，蓝段裙”。此刻，潘金莲穿“大红遍地金比甲……把白绫袄袖子搂着，显他遍地金掏袖儿，露出那十指春葱来”。

明崇祯八年刊行的《帝京景物略》卷二，描述了当时的北京：正月八日至十八日，“集东华门外，曰灯市”，“妇女着白绫衫，队而宵行，谓无腰腿诸疾，曰走桥”。

《金瓶梅》书中也有这类元宵风俗的描写。第 24 回，西门家一群女人当时的穿着是：“月色之下，恍若仙娥，都是白绫袄儿，遍地金比甲。”

据此，有人称：白绫袄配比甲是当时过元宵夜的标配。其实，这只是片面之词。

白绫袄加比甲，应是当时最时髦的装束。女人好不容易有机会出门，总得将自己捯饬捯饬，不能让人说老土。

当时，最流行的色彩搭配是白配蓝。《金瓶梅》第 14 回，正月初九，李瓶儿为潘金莲庆生，穿的是“白绫袄儿，蓝织金裙”。

织金妆花缎、妆花遍地金缎、暗花云缎、暗花补缎等，都是有明一代最高级的面料。定陵出土的明万历皇帝所穿用的黄地云龙折枝花孔雀羽妆花缎织成的袍料，就是用金线和十二种彩丝及孔雀羽线合织而成的。

《金瓶梅》第15回：正月十五，“吴月娘穿着大红妆花通袖袄儿，娇绿段裙，貂鼠皮袄……李娇儿是沉香色遍地金比甲，孟玉楼是绿遍地金比甲……”

这一片金灿灿，亮瞎人眼啊！

第63回，三个妓女在李瓶儿丧宴敬酒，也是“一色穿着白绫对衿袄儿、蓝缎裙子”。

白绫袄的“白绫”，在明代时，最好的是吴绫，松江一带产的为上，杭州产的次之。

明弘治年间，松江一带的棉织业很发达，《上海县志》说：“……木绵文（文通纹）绫，衣被天下，可谓富矣。”

而1935年的《上海掌故丛书》收入的清初《木棉谱》，记载：“文（纹）侧理者为斜文。文方胜者为整文。文绫起者为高丽”“松江之斜文布、整纹布、高丽布是也”。

绫是在绮的基础上发展起来的。绮是平纹地起斜纹花的提花丝织物，即单色暗花绸。白绫纺织技术对朝鲜产生了影响，穿法也是。

我国作为服饰上国，一直都在影响着朝鲜国。

比甲，在《元史》中记载：“前有裳无衽，后长倍于前，亦无领袖，缀以两襻，名曰‘比甲’。”而且，元朝崇尚白色（北方民族多崇尚白色），蒙古族把春节称为白节，新年穿白袍，以白衣为吉服。这一点也影响着咱邻国朝鲜。

当时的属国朝鲜李朝，也曾多次下令禁白。大明开国皇帝朱元璋，多少次下决心革除胡服，可比甲仍在北方流行。

（二）

既然朝廷的禁令废弛，女人穿白绫袄也就成了正常的事。

《金瓶梅》第 41 回，西门庆给妻妾做衣服，春梅单独再要件白绫袄，“搭衬着大红遍地金比甲穿”。第 45 回，吴银儿也向干妈李瓶儿要白袄儿，说：“图衬着比甲好穿。”

当然，在北方，这种白绫袄秋、冬、春三季皆可穿，确实有着很强的实用性。

但是，“绫”毕竟是质地相对厚的衣料，从冬入春或者秋季，真正的有钱人是要换上罗衣的。因此，罗料服装便登场了。“罗”是利用经纬纠织织出罗纹的中厚类丝织品。

《金瓶梅》第 19 回，此时正值八月下旬：“妇人（潘金莲）上穿沉香色水纬罗对衿衫儿，五色绉纱眉子，下着白碾光绢挑线裙子，裙边大红素段子白绫高底羊皮金云头鞋儿。”

若按大明之初洪武三年（1370 年）的规定，庶人、商贾是不能穿罗料衣服的。怎奈，明朝后期社会巨变，商贾成了不讲政治坏规矩的典范。

在《金瓶梅》中，西门庆是开缎子铺的，这衣料更换不与时俱进，那叫跟不上时代。

《金瓶梅》第20回："良久，只见李瓶儿（算是新婚过门）梳妆打扮，上穿大红遍地金对衿罗衫儿，翠盖拖泥妆花罗裙，迎春抱着银汤瓶，绣春拿着茶盒，走来上房，与月娘众人递茶。"

《酌中志》中记载："三月初四日，宫眷内臣换穿罗衣。"

据清代人写的《天水冰山录》所记，明朝权臣严嵩家被嘉靖皇帝查没的罗有：素罗、云罗、遍地金罗、闪色罗、织金罗、青织金过肩蟒罗、青妆花过肩凤罗、青织金妆花飞鱼过肩罗、青织金獬豸补罗、红绿妆花凤女衣罗、绿织金妆花孔雀女衣罗、绿妆花过肩凤女衣罗等几十种。真是让人眼花缭乱啊！可这也只是春秋装的面料而已。

到了炎热的夏季，人们又要换上夏装了。明代夏服纱织物有平纹的方孔纱，另外还有经纬纠织呈现椒形孔的绞纱两类。别以为古人穿得多，古代纺织业发达，可以织就很薄透的料子。夏季，凉快才是硬道理。

《酌中志》卷十九《内臣佩服纪略》记载，明天启年间（1621年至1627年），内臣王体乾等夏天穿真青油绿色的怀素纱（产于闽广），内衬玉色素纱，走动时满身出现树皮、水波状的隐现花纹，一时争相夸耀。

之所以看起来波光粼粼的，是因为那件衣服的面料是密合色的变色纱，一色的高档夏料。

而《金瓶梅》里，西门庆家女性的夏装面料，都一个比一个时髦。

俺怀疑《金瓶梅》作者兰陵笑笑生是绸缎庄老板。

第 11 回，正是夏季，西门庆刚进门槛，看见潘金莲、孟玉楼的穿着是："都带着银丝䯼髻，露着四鬓，耳边青宝石坠子，白纱衫儿，银红比甲，挑线裙子……"

第 13 回，李瓶儿的穿着："夏月间戴着银丝䯼髻，金镶紫瑛坠子，藕丝对衿衫，白纱挑线镶边裙，裙边露一对红鸳凤嘴，尖尖趫趫。"

第 27 回，六月炎热，潘金莲和李瓶儿穿的是："白银条纱衫儿，密合色纱桃线穿花凤缕金拖泥裙子。李瓶儿是大红焦布比甲，金莲是银红比甲。"

李瓶儿所穿的焦布比甲面料更牛。清人李调元《南越笔记》："蕉类不一，其可为布者曰蕉麻……乃绩为布。本蕉也，而曰蕉麻，以其为用如麻故。"

焦布质地稀疏，透气性特别好，穿起来凉爽无比，特别适合在夏天穿。当时这种料子是奢侈品，专门贡给皇家，一般人享用不起。

也是第 27 回，西门庆为给蔡太师筹办礼品，"只少两匹玄色焦布和大红纱蟒，一地里拿银子，寻不出来"。

李瓶儿从自己的私房中找"两件大红纱，两匹玄色焦布，俱是织金边五彩蟒衣，比织来的花样身份更强几倍，把西门庆欢喜的要不的"。

一部《金瓶梅》简直是半部明代纺织史，真是扒不完。

（三）

中国的服装史写的都是外衣，而最让人心旌摇荡的内衣，却留下无数遗憾。

关于古代内衣、文胸之类的，我只想说：古人夏季穿的胸衣是用夏料制成的。

《金瓶梅》第 28 回：“西门庆扶妇人到房中，脱去上下衣裳，着薄纻短襦，赤着身体。妇人止着红纱抹胸儿……”

那些认为一年四季胸衣都用同一种面料的人，只能说明你穷。

但这不是俺要说的重点。重点在于：明代女性裙子里面都是什么?

第 25 回，宋蕙莲打秋千，“一阵风过来，把他裙子刮起，里边露见大红潞绸裤儿，扎着脏头纱绿裤腿儿，好五色纳纱护膝，银红线带儿”。

风虽是一阵而过，你看清楚了，明代女人裙子里面是：裤子（春、秋、冬季多扎着裤腿，保暖），然后是膝裤（可为外面的裙子下摆作层次上的装饰）。

有的服饰专家看了明清春宫图后认为：女人裙子里面还是一层裙子。

其实，春宫图多数是以妓院妓者为蓝本画的，他们的看法太过片面。

明朝女性，在夏天时，裙子的内搭多是薄料的纱裤。冬天时，内搭的裤子是棉裤，通常会把裤腿用带子系住。

《金瓶梅》第 24 回，正月十五，宋蕙莲去走百病，她的内搭裤子的裤腿就是绑起来的：“（宋蕙莲）搂起裙子来与玉楼看。看见他穿着两双红鞋在脚上，用纱绿线带儿扎着裤腿。”第 74 回，西门庆给如意儿找的衣服是：“一套翠蓝段子袄儿、黄绵绸裙子，又是一件蓝潞绸绵裤儿，又是一双妆花膝裤腿儿。”

研究女性服饰的内搭，单从春宫图和色情小说中看，只能得出片面的结论。

（四）

“中国古人不穿内裤”，真不知是哪个服装史大咖，给咱们前辈添加这样的侮辱。

明代人不仅有内裤，而且对内裤的私密性是极为讲究的。

《金瓶梅》第 51 回：“王六儿正在屋里替他缝小衣儿哩，打窗眼看见是来保，忙说：‘你有甚说话，请房里坐。他（指她老公）不在家，往裁缝那里讨衣裳去了，便来也。’便叫锦儿（丫头）：‘还不往对过徐裁（缝）家叫你爹去！你说保大爷在这里。’”

这里“小衣”就是内裤。在古代，外衣可以找裁缝做，但是“小衣”却要自己缝。

有人问：这小衣一定是内裤吗？不会是小一点的衣服或其他的吗？

我们看《金瓶梅》第 62 回，李瓶儿病亡后，西门家的人给她穿的衣服："寻出件绑衬身紫绫小袄儿，一件白绸子裙，一件大红小衣儿，白绫女袜儿，妆花膝裤腿儿。"

第 67 回，西门庆问潘金莲，李瓶儿死时给穿了什么，潘金莲回答："上面他穿两套遍地金段子衣服，底下是白绫袄、黄绸裙，贴身是紫绫小袄、白绢裙、大红段小衣。"

看清了，"贴身"——小衣是贴身穿的！关于小衣这一点，我们可翻阅一下《红楼梦》。

《红楼梦》第 33 回，贾政怒打宝玉："王夫人抱着宝玉，只见他面白气弱，底下穿着一条绿纱小衣，一片皆是血渍。"

其实，古代真正被惩罚打板子的时候，是要脱光了直接打在屁股上的，这里留了一件小衣，是给被惩罚的人留面子。

《金瓶梅》第 94 回，孙雪娥被卖到春梅家当仆人，春梅为报旧怨，找碴儿打雪娥三十板子。孙二娘（大老婆）在旁边再三劝道："随大奶奶分付打他多少，免褪他小衣罢。"

春梅不依，以死相逼，非脱小衣扒光了打不可，结果打得孙雪娥屁股鲜血淋漓。

绣罗衣裳照暮春，蹙金孔雀银麒麟。大明奢华女装，可以照亮世界 T 台。

汗巾，男女间致意传情的好道具

偷传袖里情，暗表心间事。一方织恨锦，千缕断肠丝。用殢色心儿，叠成个齐臻臻合欢袨，女流中忒敬思。着小生怎生来有福消任，端的是无功受赐。

——元·刘时中《南吕一枝花·罗帕传情偷》

自唐宋以来，那些被压抑的情愫就汹涌不绝。勾栏瓦肆更是炽热得离谱，弄得本邦好像只有情欲，没有情怀。

若说情怀，咱从头开始，本邦的“巾”，还真值得一提。

战国时《列子·汤问》上说：“南国之人，祝发而裸；北国之人，鞨巾而裘；中国之人，冠冕而裳。”古代君子讲的是礼，冠巾是首礼。

《诗经·郑风》上说：“出其东门，有女如云……缟衣綦巾，聊乐我员。”汉代大儒孔颖达解释道：綦，青白头巾，是初嫁礼服。新娘的母亲还在女儿衣上别一块佩巾，曰“缡”。

夫妇为人伦之始，不能像光脑袋的孩子，巾是教养。可到《金瓶梅》这里，却将巾弄成了偷情之物，里面对汗巾香帕的描写不亚于食、色。

（一）

将奴这银丝帕，并香囊寄与他。当初结下青丝发。松柏儿要你常牵挂，泪珠儿滴写相思话。夜深灯照的奴影儿孤，休负了夜深潜等荼蘼架。

——潘金莲《寄生草》

这是文艺女青年潘金莲寄给陈经济的小词。曹雪芹曾说：“多半才子佳人都因小巧玩物上撮合。”女婿陈经济虽非才子，丈母娘潘金莲却算佳人。一方帕一阕词，也是苟合绮绵的情丝。

《金瓶梅》第28回，陈经济要潘金莲袖里的汗巾。潘金莲道：“这汗巾儿是你爹成日眼里见过，不好与你的。”缠不过，“向袖中取出一方细撮穗白绫挑线莺莺烧夜香汗巾儿，上面连银三字儿都掠与他”。

在古代，汗巾、香袋是女性的随身之物，亦可凭此情定三生。唐朝诗人李节度姬曾作《书红绡帕》：“囊裹真香谁见窃，鲛绡滴泪染成红。殷勤遗下轻绡意，好与情郎怀袖中。”这是女子怀春，寄情罗帕的写照。

除此之外，偷情之人亦以汗巾为媒，纷纷互通款曲、私定情事。

《金瓶梅》第 77 回，西门庆与贲四老婆偷情：“西门庆见红绵纸儿包着一方红绫织锦回纹汗巾儿，闻了闻，喷鼻香。”第 82 回，四月天气，潘金莲“将自己袖的一方银丝汗贴儿，裹着一个玉色纱挑线香袋儿，里面装安息、排草、玫瑰花瓣儿，并一缕头发，又着些松柏儿，一面挑着‘松柏长青’，一面是‘人如花面’八字，封的停当”，交给女婿陈经济。

汗巾甚至成了古代妓女揽客的营销手段。《金瓶梅》第 50 回，玳安“看见赛儿（妓者）带着银红纱香袋儿，就拿袖中汗巾儿两个换了”。第 67 回，妓女郑爱月儿送给西门庆的礼物“是一方回纹锦双拦子细撮古碌钱、同心方胜、结穗桃红绫汗巾儿，里面裹着一包亲口嗑的瓜仁儿”。

大明奢靡，声色浸染，男欢女爱，苟且偷欢。香帕罗绢的文艺范儿，怕早已荡然无存。

（二）

解元，我待与王妈妈递手帕去来，只怕来的迟，教你盼望，着娘替我去了。

——元·乔吉《两世姻缘》第一折

现在的人总是以为，古人的手帕、汗巾是私物，送丝帕寓意着相思，是传统定情物。

但是，古代有时候，手帕、汗巾与面巾纸无异，送人、赏人、当礼物都是稀松平常的。当然，这前提是没用过的新手帕。

另外，明代时，大户人家除了送汗巾、手帕之外，还会赏赐下人小费，就像今天欧美一些国家一样盛行，赏赐小费是礼数，更是身份的象征。

《金瓶梅》书中，这样的场景，多不可数。第10回，花家两个小厮来西门家送礼，吴月娘“与了那小丫头一方汗巾儿，与了小厮一百文钱”。

很明显，这一方汗巾大约等同于一百文钱。这是给普通的送礼物人的小费。若是送礼的主人地位高，那又不同了。

《金瓶梅》第15回，玳安给李瓶儿送寿礼，李瓶儿招待玳安的是：“一面分付迎春，外边明间内放小桌儿，摆了四盒茶食，管待玳安。临出门，与二钱银子，八宝儿一方闪色手帕。”第78回，除夕夜，“家人小厮并丫头媳妇，都来磕头”，西门夫妇“俱有手帕汗巾银钱赏赐”。

哼！把汗巾、手帕当成定情信物可是讲条件的，别把古人想得那么随便。在古代，一般的手帕、汗巾值百文铜钱。若是稍重一些的礼儿，手帕、汗巾也须提高档次，礼轻情重，因而也叫帕礼。

《金瓶梅》第7回，西门庆与孟玉楼相亲，上门礼就不同了：“用方盒呈上锦帕二方，宝钗一对，金戒指六个，放在托盘内拿下去。”第36回，蔡状元到西门家“封了一端绢帕、一部书、一双云履；安进士亦是书帕二事、四袋芽茶、四柄杭扇”。

这锦帕、绢帕，可比一般的要贵多了。《金瓶梅》第20回，李瓶儿上寿时，“李瓶儿每人都是一方销金汗巾儿，五钱银子，欢喜回家”。书中，“销金汗巾”一般价值三钱银子。而万历年间，一个工人一天的收入约一钱银子。

院子里的女人最拜金了，让她们高兴，唯一的办法就是多给银子。

（三）

茜裙缟袂搴帘出，巧语殷勤留过客。

玉钗坠鬓不成妆，罗帕薰香半遮额。

——明·瞿佑《乌镇酒舍歌》

“罗帕遮额”是那个时候妓女领风骚的装扮。《金瓶梅》第51回，妓院的“李桂姐身穿茶色衣裳，也不搽脸，用白挑线汗巾子搭着头”。

“白挑线”是种缝纫工艺，不是只用在白色面料上，在《金瓶梅》书中还写过大量白挑线裙子。用汗巾搭是系在头上。这样的打扮不是明人独创，在秦代就出现了，但当时是作为武将的戎饰。《后汉书·舆服志》写：“秦雄诸侯，乃加其武将首饰为绛袙（红帕），以表贵贱。”

这在唐代宫廷中也流行过，诗人王建《宫词一百首》中有“缠得红罗手帕子，中心细画一双蝉”，这是说头上系红罗帕，画两道短蝉眉。唐时女人不兴长眉，而是短粗的那种。

《金瓶梅》第58回，写“粉头”（妓女）也是这样的打扮：“一阵香风过，觉有笑声，四个粉头都用汗巾儿搭着头出来。”

书中，不光妓女如此打扮，一般爱时尚的妇女，也时兴用手帕搭头，甚至连死人都会打扮成这样。第24回，宋蕙莲“换了一套绿闪红段子对衿袄儿、白挑线裙子。又用一方红销金汗巾子搭着头”。第62回，李瓶儿死时入殓，头上“用四根金簪儿绾一方大鸦青手帕，旋勒停当”。

明代有很多对女性这种手帕头饰描写的作品。《西游记》第59回，铁扇公主也是“头裹团花手帕，身穿纳锦云袍”。

这种巾帕搭头，到底是怎样的打扮？

清人叶梦珠《阅世编》云：“今世所称包头，意即古之缠头也，古或以锦为之。前朝（明朝）冬用乌绫，夏用乌纱，每幅约阔二寸，长倍之……崇祯中，式始尚狭。……今裁幅愈小，褶愈薄，体亦愈短，仅施面前，两鬓皆虚，以线暗续于鬓内而属后结之……”明代中晚时，搭头的帕巾还宽些，到清代，就越来越窄，之后演变成用线系了。

（四）

绩五色线为之，文采斑斓可观。俗用为被或衣裙，或作巾。

——宋·朱辅《溪蛮丛笑》

可以说，《金瓶梅》是一部“手帕大全”，书中出现过：通花汗巾、杭州白绉纱汗巾、闪色手帕、银红撮穗的落花流水汗巾、细撮穗白绫挑线莺莺烧夜香汗巾、销金点翠手帕、四川绫汗巾、扬州绉纱汗巾、红绫织锦回纹汗巾、回纹锦同心方胜桃红绫汗巾、白绫汗巾、银丝汗巾……近二十个品种。若是算上不同花色的，那就更让人眼花缭乱了。

这么多的巾帕，都是哪儿来的？《金瓶梅》中主要写了三个产地：

杭州。第25回，来旺儿从杭州回来，“私己带了些人事，悄悄送了孙雪娥两方绫汗巾，两双装花膝裤”。

四川。第 51 回，金莲道：“我要娇滴滴紫葡萄颜色，四川绫汗巾儿。”

扬州。第 59 回，郑爱月儿说，见李桂姐和吴银儿都拿着紫绉纱汗巾。西门庆道：“是我扬州船上带来的。”第 67 回，给翟管家送礼，“外具扬州绉纱汗巾十方，色绫汗巾十方……”

那会儿的汗巾真是热销，以至在山东清河县还有手帕一条街。第 51 回，陈经济道：“门外手帕巷有名王家，专一发卖各色改样销金点翠手帕汗巾儿。”

李瓶儿要一方老黄销金点翠穿花凤的，还要一方银红绫销江牙海水嵌八宝儿的，再加一方闪色芝麻花销金的。金莲两方儿，一方玉色绫琐子地儿销金的。另一方娇滴滴紫葡萄颜色四川绫汗巾，上面“销金间点翠，十样锦，同心结，方胜地儿——一个方胜儿里面一对儿喜相逢，两边栏子儿，都是璎珞珍珠碎八宝儿”。李瓶儿一人拿了一两九钱银子，“剩下的与西门大姐捎两方来”。

七方巾帕，每方合二钱七分银子。

第 51 回，“西门大姐给陈经济三钱银子，替她捎销金汗巾子来”。

这汗巾是真正的高档货。而西门庆也是很会算账的。第 62 回，陈经济拿着九匹水光绢，传达西门庆的指示：“教娘每剪各房里手帕，剩下的与娘每做裙子。”

不愧是成功的商人，连做孝衣的余料都充分利用起来了。因为汗巾的价格高，家常用的就需要自己动手做，因此穗子、流苏什么的也是自己编的，还由此产生了很多花样。

在《红楼梦》第 35 回中，就写了宝玉求莺儿为汗巾打穗子。莺儿道：“大红的须是黑络子才好看，或是石青的，才压得住颜色。”宝玉问：“松花色配什么？”莺儿道：“松花配桃红。”宝玉要雅淡带些娇艳。莺儿告诉他配葱绿柳黄雅致。宝玉打一条桃红加葱绿。

宝玉问几种花样，莺儿道：“一炷香，朝天凳，象眼块，方胜，连环，梅花，柳叶。”最后，宝玉让她打了个“攒心梅花”样的。

（五）

《金瓶梅》第 2 回：“毛青布大袖衫儿，又短衬湘裙碾绢纱。通花汗巾儿袖中边儿搭剌。”

《红楼梦》第 63 回：“宝玉只穿着大红棉纱小袄儿，下面绿绫弹墨夹裤，散着裤脚，系着一条汗巾。”

这是两大名著关于汗巾的比较，你是否发现了什么不同？

明代的《金瓶梅》中，汗巾是袖口耷拉；而到了清代的《红楼梦》，汗巾却是系在腰上的。怎么回事？

朝代更替，服制巨变，最突出的是：明与清服饰在领与袖的变化！

明代多是宽袖交领（也有圆领）；清代的统治者是马背上的民族，穿的是窄袖圆领。

关于领袖，明末大名士钱牧斋降清易服。钱自嘲：“老夫领学前朝，取其宽；袖学时样，取其便。”人讥其为“两朝领袖”。

明代汉服是宽袖，汗巾放袖中。《金瓶梅》第 11 回，桂姐“轻扶罗袖，摆动湘裙，袖口边搭刺着一方银红撮穗的落花流水汗巾儿”。

而清朝满族人的服饰是箭袖，汗巾再也不能放袖中了。《红楼梦》第 45 回：“黛玉看他（宝玉）脱了蓑衣，里面只穿半旧红绫短袄，系着绿汗巾子,膝上露出绿绸撒花裤子,底下是掐金满绣的棉纱袜子。”

明亡之后，衣随代改，袖口耷拉着汗巾，已经成为故国风景。清代的汗巾只系短袄上，或系在腰间。

另外，清代的汗巾要比明代的幅窄且长，可以当作系裤子的带子。

《红楼梦》第 28 回，琪官“撩衣将系小衣儿的一条大红汗巾子解下来，递给宝玉”，说是北静王给的，为茜香国女国王所贡品，夏天系着，肌肤生香，不生汗渍。

明清汗巾另一个差异是：明代汗巾因在袖袋，上系带着挑牙、耳挖、钥匙等物件。这样的情形，入清以后，就越来越少。

甚至会把碎银子也系汗巾上，袖着怕丢了。《金瓶梅》第 96 回，杨大郎“袖内汗巾儿上拴着四五钱一块银子”。

无所不能的汗巾，在此哪里还是什么文化符号、情感意象？在平头百姓手里，分明是无所不能！

历史在你的身上，印满了胭脂情事；你是时尚首领，贴心物件。只是，今天的人离你越来越遥远，把你看得越来越淡……

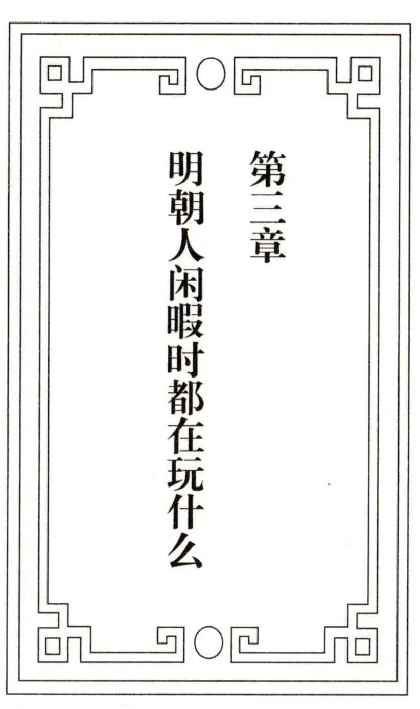

第三章 明朝人闲暇时都在玩什么

礼乐，何以一崩涂地

“国之大事，在祀与戎”，这是《左传》里说的。那会儿，国家称得上是大事的就两件：祭祀与打仗。

祭祀，是礼制的标配，对现代人而言很是陌生。

我们国家自古以来是一个情感特丰富的国度，表达礼的时候，不光靠说、写，还得有乐、有舞、有诗。

礼为善心所向，乐为凡心所感。音乐是礼仪之邦不可缺的组成配件，这些配件构成的是礼制！

《礼记·月令》上说：“凡用乐必有礼。”在一些大场合，礼乐一体。西方人听音乐会衣冠楚楚，那原本就是咱的传统。

明代奇书《金瓶梅》里有不少诲人的礼乐。只是此乐已混同于娱乐，为众生视而不见。

（一）

祭祀的礼与乐，似乎与现代人渐行渐远。古人敬天法祖，对祭祀心怀敬畏，国家或个人祭祀是制度更是规矩。

所谓国家大祭，明代《太常续考》中说要祭四样：天地、宗庙、社稷、陵寝。

历朝历代，每逢大节日，如冬至、春节、春分等，国家都是要祭天地、祖先的，都配有规定的乐队、音乐。

《金瓶梅》中，涉及祭天地的国家大祭，也曾写过，但语焉不详，作者只是一笔带过，第71回，说皇帝冬至日郊外祭天，以祈国泰民安。

冬至祭天，从唐至清，没有间断过。不只有大祀，还有许多小祀。平头百姓，柴米油盐，头上三尺也有神明。国祭时，音乐是黄钟大吕；小祀时，地方老百姓也不含糊，也有笙箫唢呐。这是几千年都有的传承。

只是，这小祀，大明时祀些什么？

《金瓶梅》写的是发生在山东省的事，明洪武年间（1368—1398年）改元代的益都路为青州府，下辖潍州、莒州、胶州三州，在地缘上与《金瓶梅》里的山东接近。

明《青州府志》对当地小祀有过梳理：一共列出了十六项，其一为三大节（皇帝生日、春节、冬至）的庆贺；二为赦免犯人；三为日月食；四为鞭春（即立春之日迎春，地方官鞭打芒神土牛），明、清两朝皇帝都要鞭春垂范；五为奠孔子；六为祀孔子父亲；七为祀名宦乡贤；八为祀社稷之神；九为祀风云雷雨山川城隍之神；十为祀无名鬼魂；十一为蜡祭，“蜡者索也，岁十二月，合聚万物而索飨之”；十二为乡饮酒礼；十三为射礼（武射礼）；十四为宾典（迎送官员、使节，地方官仪仗鼓吹等）；十五为新官上任，有赴城隍庙誓神文、谕僚文；十六为朔望行香。

这十六项，一般均由地方政府主导，给神敬礼，给神吃喝，项目繁多。但是，这样的小祀，一般用什么样的音乐，史书少有记载。

（二）

小祀在明代多为吉礼。地方志对“小祀”名目，啰唆了一堆，可用得最多的还是官员迎来送往——什么东西时间一长，准变味儿！

大明朝教坊司本属礼乐之源，音乐人、歌手、乐舞生养一大堆，但后来却越办越俗，以致后人误以为教坊司只是妓女娼优的训练场和大本营。

实际上，教坊司的优，虽歌舞侑酒，但绝不至于不堪。《三国演义》有段内容最能说明此事。第 8 回，司徒王允请董卓吃饭，欲用女色擒董卓，“留女使进酒供食。允曰：‘教坊之乐，不足供奉；偶有家伎，敢使承应。’卓曰：‘甚妙。’允教放下帘栊，笙簧缭绕，簇捧貂蝉舞于帘外……”

教坊伎人只卖艺，不卖身，这是明代地方吉礼机构的特征。

教坊之职，重在礼乐。《金瓶梅》第65回，朝廷钦差大臣黄太尉来山东，山东省省长借西门庆家招待："黄太尉穿大红五彩双挂绣蟒，坐八抬八簇银顶暖轿，张打茶褐伞，后边名下执事人役跟随无数……随路鼓吹而行……直到西门庆家大门首。教坊鼓乐，声震云霄……"

这"鼓吹而行"就是用于道路行进的吉礼，朝廷钦差莅临指导工作，由教坊司的乐队鼓吹迎接的吉乐。

南宋《中兴礼书》记载："鼓吹者，军乐也。""鼓吹歌曲"，有"导引""十二时""降仙台"等。乐队用杖鼓、羯鼓、大鼓、小鼓、琵琶等乐器。

《金瓶梅》第65回接着写："太尉落下轿进来。后面抚、按率领大小官员，一拥而入，到于厅上。厅上又是筝、纂、方响、云璈、龙笛、凤管，细乐响动。为首就是山东巡抚都御史侯蒙，巡按监察御史宋乔年参见。"

南宋《都城纪胜》中写：细乐不用大鼓、羯鼓等，是以箫、管、笙、纂演奏的静乐。

宋代以降，教坊司的鼓吹乐并非"华夏正声"，多为社会流行通俗乐。到了大明中晚期，更是通俗得一塌糊涂。

第65回："太尉正席坐下……教坊伶官递上手本，奏乐，一应呈应，弹唱队舞四数，各有节次，极尽声容之盛。当筵搬演的《裴晋公还带记》。一折下去，厨役割献烧鹿花猪……又有四员伶官，筝、琵琶、箜篌，上来清弹小唱。唱了一套《南吕一枝花》。"

酒席之间，一切乐皆为娱乐歌舞。四海升平，喜闻乐见。

《裴晋公还带记》是当时流行的戏目，而《南吕一枝花》为元曲，亦是当时流行音乐。

这里需注意“箜篌”，箜篌是中国古代传统弹弦乐器，从明代起不再流行，以至失传。

教坊司的官伎虽演奏的是通俗乐曲，可毕竟是有绝艺在身的。诗人吴梅村的《圆圆曲》：“许将戚里箜篌伎，等取将军油壁车。”就是赞明末名妓陈圆圆的诗。

或许陈圆圆是历史上最后一位弹箜篌的绝代佳人。自她脱籍为人妾，江湖再无人侍弄箜篌。

（三）

国乐，在西周时就有了定式，而且后世还不断地完善。

教坊这种机构产生成于大唐。唐以来，教坊遍布道府州县，大量音乐人聚集教坊，礼乐与富庶相伴。

乐籍制度下，教坊女乐声色娱人的功能推进了当时的娱乐事业，这类似今天的一些歌舞团。只是，礼乐教化之职，全被人们抛在脑后了。

明代的教坊机构统辖着各种专业音声艺术形式，歌、舞、杂技、戏剧等艺术品种，乐籍制度也发生了畸变。

那时，各级官府所辖在籍乐人中虽多为罪民，但人才济济，为地方官府用于道录、五礼等不同场合提供相应的礼乐乐曲。

《金瓶梅》第75回，宋巡按摆酒为山东巡抚升官饯行：“后厅筵席，治酒、装定果品。大清早辰，本府出票，拨了两院三十名官身乐人。两员伶官，四名俳长领着，来西门庆宅中答应。”第 76 回：“……先是教坊间吊上队舞回数，都是官司新锦绣衣裳，撮弄百戏，十分齐整。”

一次就是三十个人的歌舞团队，而且，载歌载舞还不算，还有变戏法等节目。这完全是以综艺晚会的规模办的，只是，排场声势浩大，礼乐教化全无。

明万历二年（1574 年）《迎神赛社礼节传簿四十曲宫调》本记载：在吉礼使用的供盏曲目中既有鼓吹样式的器乐，亦有戏曲，还有舞蹈的样式，可见是多种音乐技艺声色并用。

别以为教坊里的伶官表演的都是清一色的歌舞，杂技、戏法、曲艺，他们各自都有拿手绝活儿。《金瓶梅》第 76 回，从西门庆在家中请客就可以看出这一点：“须臾上罢汤饭，厨役上来割一道烧鹅，献小割。下边教坊回数队舞吊毕，撮弄杂耍、百戏、院本之后，四个唱的慢慢才上来……银筝玉阮放娇声”，当筵弹唱。

明末那等乱世，人们怎么高兴怎么来。连皇帝对自己家的事业都不上心，还想指望教坊司里那些罪身红颜乐传礼教？那是做梦呢！

古代世风淳朴，一祭一祈，祀神娱人。大明世道急转直下，“娱人”是真，这“祀神”的礼制已崩坏无疑。国之大祀用雅乐（雅舞），小祀用教坊乐。庙堂之高，遥及九天；江湖之近，触手可及。

当年孔子见周礼崩乐坏，喟然悲歌：大山坏乎，梁柱摧乎……两千多年后的大明朝末年，泰山巍巍依旧，其他的都没了，这就是世道。

艺术，拯救低俗只需做一件事

一个民族的艺术文化不是与生俱来的，都是从点滴培养起来的。

古代的上流社会，对艺术有种难言的挚爱。从孔子删编《诗经》《礼》《乐》开始，艺术便成了名门望族的标签。

所谓“三代后方出贵族”，不是说第三代人更有钱了，而是指文化素养逐渐升华，其中，当然包括艺术素养。小人乍富，虽然身享荣华，气场和气派都有了，但气质、气韵却总差一截，这真不是一天两天能练成的事儿。

现在我们能见到的书画作品，出自晋代的是时间最早的了。那时的大艺术家顾恺之、王羲之、王献之等全是望族，他们都是不为稻粱左右——不差钱的主儿。

在古代，虽说艺术的标签全让贵族搂着，可一般都差钱的平头百姓，他们追求艺术的劲头和脚步也从没停止过。

《金瓶梅》中山东首富西门庆也不差钱，书画满墙，有的在今天已成为稀世之宝，价值不菲……

（一）

艺术品这玩意儿，需要鉴赏者有一定的文化底蕴和相当的物质基础，如果它们都是白菜价，那就不是艺术品了。

古代的艺术品为贵族所垄断，这种垄断其实是指定价权。有人说书画市场在汉代已现雏形，即佣书取资。《后汉书·刘梁传》上记载：“刘梁字曼山……卖书于市以自资。”

其实，以卖书糊口只是反映了低端消费，并不能说明“有钱阶层”的艺术消费状态。

而唐代以后出现的书法作品按润例收费，才算是为诗文书画定下了报酬标准。

《新唐书·柳公权传》说：“大臣家碑志，非其笔，人以子孙为不孝……凡公卿以书贶遗，盖巨万。”

名人之家祭先人，不用柳公权这种大家写的墓志铭就意味着不孝。为省几个钱，不请名家，让人笑话小气是小事，关键是会被说成没艺术品位。没有名家之作，你还当什么贵族？

元代《圣朝名帖记》载，唐褚遂良、颜真卿等大家墨宝，每书一通碑值黄金二百两，少者一百两。

这才是真正的盛世景象！没有天价的艺术家和艺术品，那才是没有贵族的时代。

而《金瓶梅》第 77 回，西门庆为贺乔大户升官送贺轴，由尚举人推荐同窗聂两湖拟写。西门庆送去两方手帕，五钱银子，“写成轴文，差人送来。西门庆挂在壁上，但见青段锦轴，金字辉煌”。

在当时，五钱银子不算少了，一般一桌酒席大概是一两银子。更何况，那个时代能读书的人，哪个在书法上没两把刷子？可这类书法作品仍然是低端大众消费。

明嘉靖至万历年间，世风奢靡，士大夫对艺术品的追捧几近疯狂。大众摊肆消费（对书画等艺术品的消费）是《金瓶梅》中的常态。

《金瓶梅》第 7 回，写孟玉楼前夫布贩杨家：“正面上供着一轴水月观音、善财童子，四面挂名人山水，大理石屏风。”

大明一朝，但凡有头有脸的人，若家里没挂几幅画，别说出去见人，就是自己坐在家里待着，都会觉得臊得慌。

万历时，虽然北有边扰，南有倭患，但世间是一片承平气象。以士商为主体的“有闲阶层”声色犬马，收藏书画类艺术品不仅是时尚，更是区分雅俗的标杆。上有所好，下必甚焉。就连不在三界内的宗教人士，也沉溺此俗流。

《万历野获编》记：嘉靖末年（1566 年），“海内晏安，士大夫富厚者，以治园亭、教歌舞之隙，间及古玩，如吴中吴文恪之孙、溧阳史尚宝之子，皆世藏珍秘，不假外索”。

《金瓶梅》第 39 回，写玉皇庙方丈的松鹤轩景象是：“左壁挂黄鹤楼白日飞升，右壁悬洞庭湖三番渡过。正面有两幅吊屏，草书一联：‘引两袖清风舞鹤，对一方明月谈经。’”

呵呵，好一幅超尘脱凡的清境！

（二）

长物，本就是身外之物，饥不可食，寒不可衣，但这类闲适玩好之事，自古就有雅俗之分。

清学者钱泳《履园丛话》道：“大约明之士大夫，不以直声廷杖，则以书画名家，此亦一时习气也。”

大明官员、名士若不是以在朝堂上被打板子出名，就得以书画名人而出名！这是多么雅的爱好啊，在所有的奢侈品中，权贵把书画类的艺术品捧到了最高的位置。

明代“以古法书名画真迹为第一，石刻次之，三代之鼎彝尊罍又次之，汉玉杯玦之类又次之，宋之玉器又次之，窑之柴、汝、官、哥、定及明之宣窑、成化窑又次之”。

夏商周三代的国之重器，都排在书画之后。真的让人明白了《金瓶梅》为何每逢隆重场所，必描写书画——敢情这是全讲艺术的社会。

《金瓶梅》第 34 回，西门庆书房一明两暗，“明间内……上下放着六把云南玛瑙漆减金钉藤丝甸矮矮东坡椅儿，两边挂四轴天青衢花绫裱白绫边名人的山水，一边一张螳螂蜻蜓脚一封书大理石心壁画的帮桌儿……正面悬着‘翡翠轩’三字。左右粉笺吊屏上写着一联：

‘风静槐阴清院宇，日长香篆散帘栊’”。

这名人山水、匾额、对联，装潢极为讲究。天青衢花绫（天青色四出缠枝花卉案）裱，是当时最贵最流行的用料及装裱方式。

明代裱画大师周嘉胄在《装潢志》中写：“宣德绫佳者胜于宣和，糊窗棂其次也。嘉兴近出一种绫，阔二尺，花样丝料皆精绝……余多用月白或深蓝。”

“月白”不是白色啊，而是淡淡的浅蓝色！

《金瓶梅》第 49 回，写西门庆家大厅：“两边挂的画，都是紫竹竿儿、绫边、玛瑙轴头。”

这种紫竹竿，实际上，《装潢志》对此有专论。画轴“用犀为妙。余以牙及紫檀……间用白竹雕者，及梅绿竹，斑竹为之，又令漆工仿金银片、倭漆及诸品填漆等制各种款样，殊绚烂可观，皆余创制”。

这样的竹竿为周嘉胄所创，他是嘉靖万历年间的人，可推想《金瓶梅》的成书年代。

对李瓶儿的遗像，西门庆在装裱上的要求是“衢花绫裱，象牙轴头”。

书画之雅，在画面的内容。西门庆家一味追求象牙、玛瑙轴头，天衢绫装裱，真是富丽堂皇得俗气逼人。

（三）

商人西门庆热衷书画类艺术品，并非完全出于个人雅好，不过是免俗斗侈。明人王世贞在《觚不觚录》记时俗：“法书名画，盖以免俗且斗侈耳。”

明人文震亨《长物志》写了明代“悬画月令”之习：元旦宜宋画福神及古名贤像；元宵前后宜看灯、傀儡；正、二月宜春游、仕女；三月三宜宋画真武像；清明宜牡丹、芍药；四月八日，宜宋元人画佛及宋绣像佛；十四宜宋画纯阳像；端五名笔端阳、龙舟；六月宜宋元大楼阁、大幅山水；七夕宜天孙织女；八月宜古桂；九十月宜菊花、秋山；十一月宜雪景、蜡梅；十二月宜钟馗、迎福；腊月廿五宜玉帝、五色云车；搬家则葛仙移居；称寿则寿星、王母；立春则东皇、太乙……文震亨所提到的仅仅是悬挂的“大画”。书画是“大者悬挂斋壁，小者则为卷册，置几案间”。

挂满墙壁得需要多少幅画？这样的开支绝不是小数目。当时，士绅之家，堂馆必书画。名家文徵明就书匾额无数。

《金瓶梅》第 59 回，写郑爱月儿家：“进入明间内，供养着一轴海潮观音；两旁挂四轴美人……上面挂着一联：卷帘邀月入，谐瑟待云来……上面楷书‘爱月轩’三字。”

而第 69 回，写林太太家：“正面供养着他祖爷太原节度邠阳郡王王景崇的影身图。”“迎门朱红匾上‘节义堂’三字。两壁书画丹青，琴书潇洒，左右泥金隶书一联：‘传家节操同松竹，报国勋功并斗山。’”

对联书法，是晚明书法家为适应市场需求而创，大大拓展了书法形式。青楼官邸皆宜，雅俗共赏。

《金瓶梅》第 69 回：“王三官见西门庆厅上锦屏罗列，四壁挂四轴金碧山水，座上铺着绿锦段厢嵌貂鼠椅座……上面牌匾，下书‘承恩’二字，系米元章妙笔。”

明代书法家李日华说：“晋唐墨迹第一，五代唐前宋图画第二，隋唐宋古帖第三，苏（轼）、黄（庭坚）、米（芾）、蔡（襄）手迹第四，元人画第五，鲜于（枢）、虞（集）、赵（孟頫）手迹第六……”

西门庆家的米元章大字匾，就是米芾的墨宝，大名鼎鼎的宋四家之一。

王羲之《二谢帖》，文徵明定价一字值一两黄金，跋字值一两白银，该帖共七十六个字，其后跋三十一个字，价格当为七十六两黄金又三十一两白银。

而宋四家不如晋唐，明嘉靖四十五年（1566 年），大收藏家项元汴购黄庭坚书《法言》费银百两；购黄庭坚《法华经》费七百两银子；购苏轼《阳羡帖》价格是八十两银子。

看来，西门庆家这些名家作品，在明代价值为几百两银子。要是保存到今天，或许能达到亿元级别了。只是，对于这“承恩”二字，西门家族并不贴切，尽管西门庆认的字有限。

洗澡，这事儿非说不可吗

洗澡，对中国古人来说，是一件不太好明说的事。

孔丘说起洗澡有一句话是：“莫春者，春服既成，冠者五六人，童子六七人，浴乎沂，风乎舞雩，咏而归。”这意思是：暮春三月，穿上春衣，五六个大人、六七个小孩，在沂水里洗澡，在舞雩台上吹吹风，唱着歌回家。

不就是在河里洗澡嘛，至于弄得这么幸福？

男人在河里洗澡，女人也一样。《史记·殷本纪》载：“有娀氏之女，为帝喾次妃。三人行浴，见玄鸟堕其卵，简狄取吞之，因孕生契。”

简狄是帝喾最宠爱的妃子，多年未孕，然而一次洗澡吞了玄鸟的卵，就生下了商朝的祖先契。你们信吗？

历史真不能细读！帝喾情何以堪？司马迁写的时候，心里门儿清，但不明宣，抛笔就此罢了。

偷情借种，史笔难书。可要说夫妻鸳鸯浴，对古人来说也不算得什么，唐玄宗与杨玉环的这种洗澡是世人皆知的。

小说《金瓶梅》中也写过洗澡这点事儿，再添上一个精彩详细的花边。

（一）

呵呵，洗澡毕竟事涉私密，怎么说都有点揭画皮的感觉。

《金瓶梅》第29回，天气炎热，西门庆到潘金莲房里，要洗个澡："不一时，把浴盆掇到房中，注了汤，二人下床来，同浴兰汤……"

"汤"在古代特指洗澡的热水。一般人看此，皆不会留心这洗浴设备。从《金瓶梅》明崇祯本插图看，这浴盆为木质，长约一米，高不足膝——不是桶啊，影视作品全是瞎掰——有配套横于盆的浴板，为人坐在上洗浴使用。

别看西门庆家几房妻妾，都用木浴盆洗澡，你便以为所有朝代的人洗澡时都用木盆。其实，用浴盆洗澡是唐以后的事。浴盆，在古代是贵族专用，平民百姓用了，那是僭越。

《礼记》中把浴室称为湢（bì），浴盆则名杅（yú）。讲古人洗澡：备细布巾擦上身，粗巾来擦下身，出浴盆后要站在草席上再用热水冲洗一遍。对来访客人，《仪礼·聘礼》中记载："管人为客，三日具沐，五日具浴。”

请注意，这全是在说贵族。平头百姓没事儿时，能在河里洗一下，就不错了！

明末世风竞奢，大家比着堕落，洗个鸳鸯浴不是羞耻之事。当时大学者钱谦益写诗给柳如是：“山比骊山汤比香，承恩并浴少鸳鸯。”

六旬的钱老先生对未能共泡鸳鸯汤的失落与惋惜的表达，可以说是当时世风的写照。

（二）

中国正史有着浓烈的英雄情结，写的全是帝王将相。今人能窥视到的生活细节，少有普通人的。简狄行浴而生契，后衍十四代，有了商汤。

“汤”这个名也可以说明这家伙有洁癖。他的澡盆上刻有雷人的千古名句：“苟日新，日日新，又日新”——一天洗，天天洗，越洗越干净……

孔子激赏此句，高大上地进行美化，结果，原本只是帝王的奢侈日常洗澡的行为，一下子就升华成了“澡身而浴德”。

到今天俺算明白了为啥后世帝王尊孔为圣，让他千载享祀了。

古代洗澡用品称盘、鉴，多为青铜铸造，有点国之重器的味道。现存的西周时期“虢季子白盘”，形与今天的浴缸无异，高 40 厘米，宽 87 厘米，长 137 厘米，周身铸蟠虺纹，还铸八个衔环兽头，盘上铸铭文 111 个字。

对于豪族巨室来讲，洗澡有什么礼节都是件简单事。但对于普通人来说，洗澡就意味着过年了啊！

唐代白居易的诗最写实，他的诗就是他的个人日记。他的《沐浴》诗写："经年不沐浴，尘垢满肌肤。今朝一澡濯，衰瘦颇有馀……自问今年几，春秋四十初。四十已如此，七十复何知。"

当时白居易四十出头时，官至京兆府户曹参军，正七品下，相当于今天的北京市财政局长。这都干部了，还经年不洗澡，偶尔洗一次还自乐得其乐地搓泥球。

而宋代苏轼小词《如梦令》，写洗浴中心洗澡搓背一条龙服务，可比大唐神气多了："水垢何曾相受，细看两俱无有。寄语揩背人，尽日劳君挥肘。轻手，轻手，居士本来无垢。"

《金瓶梅》的时代，洗澡就更不是事儿了。第 8 回，"正值三伏天道，十分炎热。妇人（潘金莲）在房中害热，分付迎儿热下水，伺候澡盆，要洗澡……"第 82 回，写刚入头伏："天色晚来。那日，月黑星密，天气十分炎热。妇人令春梅烧汤热水，要在房中洗澡，修剪足甲。"

起初，潘金莲尚未嫁入豪门，作为一个县城普通人家的媳妇，洗澡跟吃饭一样平常。而后，洗完澡便多了一件事——剪脚指甲。这与今人洗澡没什么两样。

但是，对大明偏远地区而言，洗澡仍保持野浴，甚至男女混浴之俗。

明人沈德符《万历野获编》有则故事，说好友沈继山曾任番禺县令，后被贬居神电卫（今广东电白）。家里仆人每晚都出去。有一天，沈尾随到城外河边，才发现："见老少男妇俱解衣入水，拍浮甚乐。"

（三）

就如同在没手纸的时代，上厕所用什么解决一样，咱祖先洗澡时用什么洗净身上，也是个难题。

扬州一直带动中国洗浴业，其市内汉广陵王墓博物馆内，展示着祖国沐浴业最早的私人洗澡设施：十平方米左右的金丝楠木洗沐间，有铜浴盆、搓背用的浮石，以及木屐、铜灯、浴凳等一整套沐浴用具。

这种搓澡用的浮石，还曾出土过陶制的。当然，人们也用艾叶、皂荚洗澡。

魏晋时出现一种洗涤剂叫“澡豆”。将猪胰研磨，混入豆粉、香料等，经自然干燥便成去污剂，且能滋润皮肤，在当时可以说是最先进的洗涤用品。

但是，到明代，这洗涤去污用品已经完全升级换代了。明代太医院吏目龚廷贤编的《寿世保元》中有一种用独活、白芷、细辛、红豆及肥皂、净糖制成的“德州肥皂”。

《金瓶梅》第 27 回，西门庆对孟玉楼说：“我等着丫头取那茉莉花肥皂来我洗脸。”这里的手工香皂是茉莉花做的。

在古代，洗浴与制香也几乎成为一体。从唐代起，上层社会就流行用香料，明代更甚，弥漫着香艳之气。

《金瓶梅》第 51 回：“那边屋里早已替他（潘金莲）热下水。妇人抖些檀香白矾在里面，洗了……”檀香就是檀香树的木质，富含檀香脂，是唯一可以入品香的原木；白矾有增白、润滑、杀菌的作用。

唐代名医孙思邈《千金翼方》有则关于洗澡的药方："丁香沉香青木香麝香，真珠玉屑……梨花红莲花，李花樱桃花白蜀葵花。"将花、香分别捣碎，把珍珠玉屑研成粉……洗洗美白。

总之就是用各种花、香、珠、玉之粉类的，都是较为贵重的东西，与老百姓没任何关系。

中华上下五千年历史，文化博大精深，多少史笔也写不过来啊。洗澡这件事儿，真没时间写。

那时候，有钱人家里地方大，盆、汤设备齐全，还有人侍候；而普通老百姓到大众浴池洗澡，价格也挺实惠。

朝鲜传下的汉语教科书《朴通事谚解》，是元末明初写的。书中记载了元大都里的大众浴池：洗澡五钱，搓澡二钱，梳头五钱，加剃头、修脚，全套下来才十九个铜钱。

对普通老百姓来说，日子就是生活，吃饱了，泡个澡，搓搓泥——实在！过瘾！

生日，打哪儿来的幺蛾子

每一代人都有各自的追求，都会显露出各代人的表征。

自古就有“生日”一说，可过生日却被现代人视为古代浮华生活的“幺蛾子”。不知是哪位专家说，咱国古人原本不过生日。这也许是因明代顾炎武《日知录》考证：“（生日礼）起于齐梁之间。逮唐宋以后，自天子至于庶人，无不崇饰。”

的确，以远古有限的文字和食物量来讲，普通人庆生日，真的是不可想象的事。无论汉代之前的人过不过生日、过得如何，明代人的生日都过得有声有色、纸醉金迷。

在俺看来，《金瓶梅》这部市井生活的百科全书，成功地将生日伪装成生活的必需品。一旦拿掉这个伪装，你就会发现古人过生日时有趣的细节。

（一）

“生日”一词，最早见东汉班固的《白虎通义》。有专家表示，在中华五千年历史中，庆生日也就持续了一千多年——真的是这样吗?

再看“寿”字，可比咱国的文化史还长哦。

甲骨文中，甚至比甲骨文还早的骨刻文字中就出现了“寿”字。

对寿礼的讲究，作为文明之邦的华夏是世界第一流的。明代社会，对于庆祝生日有一个雅称——上寿。

《金瓶梅》第 8 回，西门庆勾搭潘金莲到手，又娶了孟玉楼，如胶似漆，将潘金莲抛到脑后，金莲以泪洗面。玳安道：“六姨，你休哭。俺爹怕不的也只在这两日头，他生日待来也。你写几个字儿，等我替你捎去，与俺爹瞧看了，必然就来。”妇人道：“是必累你请的他来。到明日，我做双好鞋与你穿。我这里也要等他来，与他上寿哩。”

中华文化之脉，从上古至今，从来就没断过。“上寿”这词，西周前就用，潘金莲说为西门庆“上寿”，是因为“上寿”是咱们国一直存在着上寿礼。

《仪礼・士冠礼》中有“寿考惟祺”“寿考不忘”。据国学大师王国维考证，这是西周前的成语。因为，“寿考惟祺”又出现在《诗・大雅・行苇》；“寿考不忘”出现在《小雅・蓼萧》，这明显是约定俗成的话儿。

老祖宗就是有文化，长寿吉祥的祝福话儿，都文绉绉地说成语“寿考惟祺”，还写成歌唱。

在那个时代，国人把寿诞都造出固定成语了，可见使用之频繁。

有所谓的专家却凭当时没有“生日”这个词，就认定过生日是幺蛾子，谁信啊？

《礼记·内则》记有：“子生：男子设弧于门左，女子设帨于门右。”意思是说生男孩就在门左边挂弓，女孩就在门右挂手绢。这虽然说的是贵族的规矩，可明明是庆祝生日的意思嘛！

上寿礼，从夏商周到汉唐宋，从没断过，在大明朝更是绝对不能少的。《金瓶梅》第72回，西门庆到林太太家，说：“学生因为公事往东京去了，误了与老太太拜寿，些须薄礼，胡乱送与老太太赏人便了……”又说：“取付台儿来，等我与老太太一杯寿酒。”随后又送林“一套遍地金时样衣服，紫丁香色通袖段袄，翠蓝拖泥裙”并奉上寿酒。第73回，为孟玉楼上寿：“不一时，拿将寿面来，西门庆让吴大舅、温秀才、伯爵吃。”

这就是上寿。献礼物、敬寿酒。当然，也吃寿面分享福气。

（二）

那么，上寿是过生日吗？

看了上面写的内容，明明是过生日的意思啊！

其实，上寿还真不是过生日。在大明朝，上寿是在生日前一天，而过生日，却是指生日当天的正日子。

我读书少，你们别这么绕圈子好吗？

可是大明朝的《金瓶梅》，偏偏要兜这个圈子。《金瓶梅》第12回："此时正值七月二十七日，西门庆从院中来家上寿。"

西门庆的生日是七月二十八，从妓院提前一天回家，是为给自己上寿。

而第21回，吴月娘说："今日孟三姐（孟玉楼）晚夕上寿哩。"西门庆道："我知道。"果然晚夕摆酒。而"次日有吴大妗子、杨姑娘、潘姥姥众堂客，都来与孟玉楼做生日"（第22回），这里写得很清楚，"上寿"与"做生日"是两件事，分开进行的。

大明朝上流社会，喝酒不输大唐，一个生日也得喝两次酒。上寿是礼法，庆生日是娱乐。礼是等级，乐是世俗！

《金瓶梅》第72回，西门庆因孟玉楼生日，应伯爵来，西门庆对他说："晚间来坐坐，与你三娘上寿，磕个头儿，也是你的孝顺。"伯爵道："这个已定来，还教房下送人情来。"

第73回，"月娘放两个桌儿，炕屋里请坐。诸堂客明间内坐的齐整，锦帐围屏，放八仙桌，铺着火盆，摆的案酒……孟玉楼打扮粉妆玉琢，莲脸生春，与西门庆递酒……磕了四个头。然后方与月娘众姊妹俱见了礼，安席坐下。只见陈经济向前，大姐执壶，先递了西门庆、月娘，后与玉楼上寿，行毕礼，傍边坐下。"

看好了，"上寿"这个活动是很高大上的。内容不是简单地"祝你生日快乐"，虽说都是向寿星敬酒，但是，寿星得先向主人递酒磕头。上寿是述礼、行礼，也是等级，得磕头！

秦之前的先贤，对寿的讲究让后世之人望尘莫及，礼制之繁也是让人醉了。

仅仅孔子编的《诗》就写道："虎拜稽首，天子万年。""如南山之寿，不骞不崩。""跻彼公堂，称彼兕觥，万寿无疆。"

人们得向天子、贵族、主人祝寿，希望他们活得越长越好。

司马迁的《史记》中也频频使用"上寿"。《刘敬叔孙通列传》："诸侍坐殿上皆伏抑首，以尊卑次起上寿。"《孝武本纪》中也写："天子从封禅还，坐明堂，群臣更上寿。"《滑稽列传》也有："奉觞上寿。"等等。

您不必劳神细究这些话的解释，大致都一个意思：对上级行上寿礼。上寿礼在当时很普遍，可就没写庆生日这件事。一定是那些圣人先贤，怕咱这帮后世孙子学坏，纵刀笔刻意突出生诞的礼制、规矩，对于个人的欢喜反而只字未写。

俺就不信了，远古之人，上寿敬酒，一不留神酒喝大了，就不能放纵一下，快乐一下？

（三）

几千年的封建皇权社会，平头百姓山呼万岁，高喊万寿无疆。不是不让你山呼，不是不让你祝寿，是你真的级别不够！

升斗小民，近天颜沾龙气，那是八辈子修来的福分。你想呼喊一下，皇帝还不允许呢！

然而，这事却离我们不遥远。

而先贤早就参透了人性，只说上寿礼，不讲庆生日，也许是他们的智慧。

大唐盛世，皇帝带着头庆生日。到大明朝中后期，世风奢靡，上寿庆生，成为存世交往、结交权贵的必要活动。

《金瓶梅》第30、31回，蔡京生日，分成皇亲国戚、王公高官等四个层面上寿。西门庆因献厚礼，被委任为“金吾卫衣左所副千户、山东等处提刑所理刑”，得了个五品官。这就是行贿。

当然，普通人的上寿、人情往来，礼也不能差。《金瓶梅》第15回，到正月十五日，西门庆这里，“先一日差小厮玳安送了四盘羹菜，两盘寿桃，一坛酒，一盘寿面，一套织金重绢衣服，写吴月娘名字‘西门吴氏敛衽拜’，送与李瓶儿做生日”。

这是主子过生日，奴才的生日是没人理的，你自个儿庆祝去吧。

但是，奴才晋级为主子后，又不一样了。第97回，春梅晋为周守备妾室后，也享受寿礼。“四月二十五日，春梅的生日。吴月娘那边买了礼来，一盘寿桃，一盘寿面，两只汤鹅，四只鲜鸡，两盘果品，一坛南酒。玳安穿青衣，拿帖儿送来。”

作为生日礼物，寿桃、寿面（直到今天人们仍然在吃，已经写滥了，俺不说了）必不可少，须在生日前送到，遇到节日，大户人家还要张灯结彩。

《金瓶梅》第78回：“第二日，却是潘金莲上寿。西门庆早起，往衙门中去了，分付小厮们抬出灯来，收拾揩抹干净，大厅卷棚各处挂灯，摆设锦帐围屏。叫来兴买下鲜果，叫了小优。晚夕上寿。这潘金莲早辰打扮出来，花妆粉抹，翠袖朱唇，走来大厅上。看见玳安与琴童站着高凳，在那里挂灯——那三大盏珠子吊挂灯，笑嘻嘻说道：‘我道是谁在这里，原来是你每在这里挂灯哩。’琴童道：‘今日是五娘上寿，爹分付下俺每挂了灯，明日娘的生日好摆酒。晚夕小的每与娘磕头，娘已定赏俺每哩。’”

说到先上寿后庆生，俺倒是依据《金瓶梅》，解决一桩千古公案：唐代诗圣杜甫的生日。

有几个名人都认为：杜甫是正月初一生。证据是他大年初一有诗《元日示宗武》：赋诗犹落笔，献寿更称觞。不见江东弟，高歌泪数行。

若依照献寿在生日前一天之俗，杜甫的生日怎么也得是正月初二啊！多读点书好不好？

这是个玩笑而已。杜诗圣大年初一献寿是新年的寿礼，是祝福，绝不是过生日。这种“献寿”与司马迁写的“上寿”是同一个意思。

《金瓶梅》中，一大票主角儿的生日全都记载分明，生日吃寿酒，几乎横贯全书。就差吃蛋糕吹蜡烛了。

大明朝之奢，有时候会让后人咋舌。一个时代的繁华，转眼之间，便烟消云散，化为清朝满族人铁蹄下的灰尘。

细细想来，明代大户人家的生日，毕竟还能顺着习俗，找到古人的影子。放在今天，对于孩子们来说，往往只知道自己过生日开派对，别说古人上寿之礼，连父母的生日是何时都少有人记住了。

赏花，文人凭什么看不起商人

在古代，文人雅士赏花不说赏花，非说是“观美人”。

大明的文士就是这样，并对同样赏花的商人一脸蔑视，为什么啊？

这不是简单的士农工商等级差异。

这种等级上的差异，让《金瓶梅》中的山东商人西门庆，心里暗生不少自卑。以至于教育他儿了时说：“儿，你长大来，还挣个天官。不要学你家老子，做个西班（武职）出身，虽有兴头，却没十分尊重。”（第 57 回）

若是一个纯商人，他内心的创伤真想象不出有多大。

明朝中后期社会正在发生巨变，僭越几近常态，商人阶层迅速崛起。大明初期不允许商人穿绫罗，但是到中后期就没人管了，金钱一天天成为社会的轴心。钱，越来越为人所追求，商人一天比一天嘚瑟。

但是，有钱不等于有文化，社会的主流依旧是文士。越是这样，商人就越想跨入社会主流阶层，想着法儿提高自己的段位。

（一）

赏花，属于精神消费，本来就是一件见仁见智的事，可文士非得用诗词骚赋炫耀。明朝的倾颓，一半原因在这些文士身上，党争、贪腐、奢靡、降清……几乎都是文士起的头。

明末大名士钱谦益在《初学集》中说，嘉靖、万历年间，“士大夫……居处则园林池馆，泉石花药；鉴赏则法书名画，钟鼎彝器。又以其闲征歌选伎，博簺蹴鞠，无朝非花，靡夕不月”。

这样一群士大夫天天赏花玩月，声色犬马，外敌打来能不投降吗？

清文人伍绍棠在《长物志跋》中总结：“有明中叶，士大夫以儒雅相尚，若评书品画，瀹茗焚香，弹琴选石等事，无一不精，而当时骚人墨客，亦皆工鉴别，善品题，玉敦珠盘……”明中后期的士大夫，艺术水平绝对是高大上的，今天的文化人甭想比。

都是出来混的，文人能赏花赏景了，商人怎么就不能呢？虽然读书少，但咱能学样子呀。

《金瓶梅》第 19 回，西门庆家道正旺，大兴土木，建园子。他家花园落成：“春赏燕游堂，桧柏争鲜；夏赏临溪馆，荷莲斗彩；秋赏叠翠楼，黄菊迎霜；冬赏藏春阁，白梅积雪。刚见那娇花笼浅径，嫩柳拂雕栏。弄风杨柳纵蛾眉，带雨海棠陪嫩脸。燕游堂前，灯光花似开不开；藏春阁后，白银杏半放不放。平野桥东，几朵粉梅开卸；卧云亭上，数株紫荆未吐。湖山侧，才绽金钱，宝槛边，初生石笋。翩翩紫燕穿帘幕，呖呖黄莺度翠阴。也有那月窗雪洞，也有那水阁风亭。木香棚与荼蘼架相连，千叶桃与三春柳作对。也有那紫丁香、玉马樱、金雀藤、黄刺薇、香茉莉、瑞仙花。卷棚前后，松墙竹径，曲水方池，映阶蕉棕，向日葵榴。”在新盖的玩花楼向下观看：“见楼前牡丹花畔芍药圃、海棠轩、蔷薇架、木香棚，又有耐寒君子竹、欺雪大夫松。端的四时有不谢之花，八节有长春之景。”

不知道的，以为进了植物园呢。在商人阶层崛起前，这可都是士大夫赏玩的。现在，商人竞相效仿，让文人很不爽。

嘉靖诗人、学者黄省曾，也是家财万贯的藏书家，与名士王世贞、祝枝山都是哥们儿，写了本《吴风录》吐槽：

“富豪竞以湖石筑峙奇峰阴洞，至诸贵占据名岛，以凿琢而嵌空妙绝，珍花异木，错映阑圃，虽闾阎下户，亦饰小小盆岛为玩，以此务为饕贪。”

看这口气，有钱人玩玩就得了，你个小门小户，弄哪门子假山盆景？

曾经，鉴赏艺术品、赏景、赏花都是文人表明自己身份的专属标签，明后期反而被那些暴富的小市民抢了。

（二）

赏花，是何等闲雅的情调，这么高贵优雅的身份符号，现在却让商人抢了风头，文士丢份啊！

于是，“伪雅”之讥讽，在文士的朋友圈里天天刷屏。

万历时首辅王锡爵之子王衡，是万历二十九年（1601 年）科举榜眼。他写文章说：“盖今人多伪为雅，而吾吴尤甚。兰菊几（几乎）家置一谱矣，次则君竹而友松，第而至桃……”

别以为文士都很穷酸哦。自晋永嘉之乱南迁，江南便涌现士族阶层，他们世代为宦，家资殷厚，拥有着极大的影响力。他们不仅领风气之先，还制定审美标准。王衡家便是江南望族豪门之一。平头百姓大多对豪门没感觉，这么说吧，王家光仆人就一千多人。

西门庆虽是山东首富，但他的“富”与江南豪族不是一个重量级的。在花卉消费方面，西门庆也是闻着气味找厕所——直追江南。

《金瓶梅》第 67 回：“冬月间，西门庆只在藏春阁书房中坐。那里烧下的地炉暖炕，地平上又放着黄铜火盆，放下梅稍月油单绢暖帘来。明间内摆着夹枝桃，各色菊花，清清瘦竹，翠翠幽兰。里面笔砚瓶梅，琴书消洒。”

西门庆家的花中，兰、菊、竹、桃，直接被文士一矢中的，怎么看都觉得王衡的话是在专指西门庆呢。但西门庆家的藏春阁里面烧着地炉暖炕，在冬季里也是春景，也算别具一格了。

历代最牛的一个风气就是尊重读书人。士子的地位高出商人一大截。钱谦益替人写的墓志铭，价银千两。在清河县，这价钱几乎能买下西门庆家的大宅子。

赏花的这种审美，虽有境界差异，但文人非说山顶的风景比半山腰的好看，也多少有些歧视商人的意味。可谁让标准是人家定的呢。

其实，西门庆赏花，有时更讲究实用性。《金瓶梅》第 27 回，西门庆在花园中翡翠轩卷棚内，看着小厮浇花，“只见翡翠轩正面前，栽着一盆瑞香花，开得甚是烂熳”。可随后，“金莲看见那瑞香花，就要摘来戴”。却被西门庆拦住:“趁早休动手，我每人赏你一朵罢。”原来西门庆把旁边少开头，早已摘下几朵来，浸在一只翠磁胆瓶内，准备给他的女人戴。花戴在女人的头上，才另有一番生命的妖娆。

（三）

在古代，从商是件特糟心的事儿。朝廷规定不许商人当官宦，不许商人穿绫罗……罪受了两千来年，好不容易挨到朝廷松口了，文士还是不依不饶的。不差钱的商人，在赏花这件事上，一不留神就会成为笑柄。

古代文人爱菊是千年传统，自打晋陶渊明独爱菊，菊品便辈辈孤高，颇像文士的性情。明代菊花品类繁多，光王象晋《群芳谱》就记有 270 种。

《金瓶梅》第 61 回：“西门庆到于小卷棚翡翠轩，只见应伯爵与常时节在松墙下正看菊花。原来松墙两边，摆放二十盆，都是七尺高各样有名的菊花，也有大红袍、状元红、紫袍金带、白粉西、黄粉西、满天星、醉杨妃、王牡丹、鹅毛菊、鸳鸯花之类。”

这菊花品种与谈迁《枣林杂俎》中说的有相似之处：“率及人肩眉，菊之最盛者也。”品种有：绛红袍、红鹅毛、状元红、白鹅毛、银蜂窝、金盏银台、荔枝红、大粉息（西）等。

商人品菊这等雅事，却被文人嘲笑。明末文士文震亨说：“菊盛时，好事家必取数百本，五色相间，高下次列，以供赏玩。此以夸富贵容则可。若真能赏花者，必觅异种，用古盆盎植一枝两枝，茎挺而秀，叶密而肥，至花发时，置几榻间，坐卧把玩，乃为得花之性情。”

西门庆的这次菊花展，尽管落入了文人“富贵容”讥讽之窠，但也得到了明白人指点一二，特别是花盆是标准的“古盆盎”。

第 61 回，帮闲的应伯爵给西门拍马屁：“花到不打紧，这盆正是官窑双箍邓（澄）浆盆。都是用绢罗打，用脚跐过泥，才烧造这个物儿，与苏州邓浆砖一个样儿做法。”

苏州样，是明代文士追得发疯的时尚典范。万历时文士王士性在《广志绎》中说：“苏人以为雅者，则四方随而雅之，俗者，则随而俗之。”

应伯爵这二货以为苏州样最时髦。西门庆解释，这是刘太监送的。二十盆花“连盆都送与我了”。

刘太监送的花盆想必是皇家的，自然是很名贵，光人工就费银无数：盆泥淘澄要二年，出泥曝过，以稻糠黄牛粪搅之而烧，一伏时用黑蜡、米醋等蒸多次，使澄浆品坚如铁。

暴富是件有意思的事，有时让你自命不凡，有时还真让你丢人现眼。

西门庆一下子就摆出这二十盆名贵花卉，明显是个暴发户。就像潘金莲手上戴满金戒指给人看一样。《金瓶梅》书中对此不置一言，却活生生把西门商人的俗态戏谑了一把。

最关键的，这不是文氏一己之言，当时的文人袁宏道、高濂、张岱等都操有同样的论调。

哼！这分明是一个阶级对另一个阶级的精神践踏。

也怪崛起的商人自己不争气，有俩糟钱儿，硬是把炫富弄成炫俗。

古代社会的价值观早让这群文士确定好了。商人还改变得了吗？

当文人将商人一次次大把大把地砸钱的附庸风雅说成不堪时，他们会抛出赏花游戏规则，如袁宏道的《瓶史》，便规定了什么花得用什么瓶来插。

仿佛，这才是赏花审美的真正境界。

作为实用派，西门庆是爱往自己女人头上插花的主儿。也许，他心中也有些鄙夷：狗屁！花插在女人头上才叫美！

房价，明朝的房子很便宜

房子之事，是许多人幸福源泉之一。所谓安居乐业，“居”的事儿若安稳，事业也就能干上去。

有一次，古圣人孔子赞美他的学生颜回，即使是箪瓢陋巷，还努力学习和工作——怎么看都像今天在北上广工作打拼的孩子们。

不过，“安居”在明朝就不是个事儿，大明朝黎民的幸福感让今人艳羡。

《金瓶梅》中命运悲惨的，三寸丁武大郎算是一个。可武大郎的房子是楼上楼下两层一共四间、有前后院的独栋。一个卖炊饼的也这么牛？

看官会问：小说是历史吗？

大师郑振铎评价《金瓶梅》：“一朵太可怪的奇葩，叙述社会家庭的日常生活，大有近代的写实作风。”

（一）

房子，或盖或修，在大明朝都是很私人化的事。

弘治十八年（1505 年），苏州老文青唐伯虎要盖宅子，房子的名字已想好了——桃花庵。

地皮是现成的，只需要买砖买瓦买木料，唐伯虎一个卖文画的，手头儿的钱不够，便找到好朋友徐祯卿借钱，又找另一个好朋友文徵明借，前后借了二百两银子，才算凑够建房款。

当时，唐伯虎似乎很惨，但是他的一幅画在今天都是价值过千万元哦！

可是，今天你如果到苏州唐伯虎故居看看，那整个就是一个庄园——前后院子、带花园的别墅——只花了二百两银子就盖起这样的房子，便宜啊！

明代时期的三、四线城市，小康之家的住房是很讲究的，家有床、煤炕、厨房，还有室内厕所。并且那会儿的县城还盛行烧煤。

《金瓶梅》第 39 回，西门庆勾搭上王六儿，给她花一百二十两银子，买临街门面两间、四进到底的宅子。第二层客房，三层卧室佛堂，这里有烧煤火炕与床炕。四层厨房、储煤间和坑厕。给姘头买房，西门庆算讲究人。这样的房子，今天怎么也得土豪住。

这就不能不说说明代人的收入。

明朝县官正七品，每月俸禄七点五石或一年四十五两白银；给官员当马夫，或者出差办事的人，年收入四十两。当然，柴薪皂隶（随从皂隶）四人、马夫一人是朝廷给县长配备的，并且这五个人的工资也是由朝廷支付。

县官、典史等的住房、出行、皂隶人员、衣食花费基本由国家支付和补贴，所以年俸基本算是净收入。

万历年间房价低廉，很大一部分原因还跟当时地价、物价不高有关。《金瓶梅》书中，王六儿的丈夫韩道国，要在自家院落盖两间像样的平房，材料费也需花上三十两银子，由此可知房屋的价值，主要体现在建筑材料上。

所以，唐伯虎新房的支出，主要是用在材料和工钱上。之所以材料费用贵，是因为那时盖房很讲究。尽管没水泥，可灰的黏度和砖的强度非常高，看看明长城就知道了。

《金瓶梅》第 35 回，西门庆家城外庄子盖房、堆假山，灰不够，还得二十两银子。西门庆道："灰不打紧，我明日衙门里吩咐灰户，教他送去。"那时盖房用的灰是专业生产的。

专业是社会分工，也是门槛，意味着技术、原料、生产的独特性。"灰户"有点像今天的混凝土供应商。

可还缺木料，伙计贲四道："……向皇亲家庄子。大皇亲没了，如今向五要卖神路明堂……只拆他三间厅、六间厢房、一层群房就勾了……他口气要五百两。到跟前拿银子和他讲，三百五十两上……休说木植木料，光砖瓦连土，也值一二百两银子。"

什么砖瓦、土能值这么大价钱？应该是黏土——一是量大，二是质量高。

《金瓶梅》第 14 回，西门庆要盖楼娶李瓶儿。看看他盖的房子。潘金莲说道："前者央阴阳看来，也只到这二月间兴工动土，收起要盖。把二娘（李瓶儿）那房子打开，通做一处，前面盖山子卷棚，展一个大花园。后面还盖三间玩花楼，与奴这三间楼相连，做一条边。”

卷棚是屋顶为圆脊的房子，明代很流行。再加上花园和后面的三间玩花楼，这么大的一个工程，可不光是盖房子。

这样的工程需要多少钱？费用一共是五百两银子。

（二）

景泰八年（1457 年），徽州祁门县居民李添兴卖房：厨房一间，猪圈一个，只要纹银四两三钱（《中国历代契约会编考释》，下同）；万历元年（1573 年），徽州休宁县居民吴长富卖房，占地半分的小宅院，只要纹银二两。这就是大明朝平头百姓的住房情况。

二两银子，在《金瓶梅》中可是那些大人物随便赏人的钱。

万历四十二年（1614 年），徽州休宁县居民王元浚卖房，正房三间，厢房三间，门面三间，卖了纹银五十两。这算是有三间房的小四合院，即所谓的一进深。

第 15 回，李瓶儿在狮子街新买的房子，也是个三进深的四合院，而且是临街的三层楼：“门面四间，到底三层，临街是楼。仪门进去，两边厢房，三间客坐，一间梢间。过道穿进去，第三层三间卧房，一间厨房。后边落地紧靠着乔皇亲花园。”

李瓶儿这处房子明显是在富人区，而且邻居都是皇亲。这么豪华的独院房子一共用多少钱？才二百五十两银子。

有钱人的房子大到用不过来。普通人家的住房也挺宽敞。

《金瓶梅》第1回，武大郎与潘金莲原在紫石街租王皇亲的房子，潘金莲招蜂引蝶，受混混欺负，她让武大郎“典上他两间住，却也气概些，免受人欺侮”。武大郎没有多少银子，潘金莲说：“把奴的钗梳凑办了去，有何难处。过后有了，再治不迟。”武大郎“凑了十数两银子，典得县门前楼，上下两层，四间房屋居住。第二层是楼，两个小小院落，甚是干净”。

潘金莲连首饰都变卖了，看来，要有个不错的房子，这是要安心过日子了。

大明房价不高，小门小户能买房，又能把媳妇拴牢，还真是件舒心事儿。

《金瓶梅》第56回，西门庆的朋友常时节向西门庆借钱买房。西门庆踌躇了半晌（是考虑直接送他呢！），道：“既这等，也不难。且问你，要多少房子才勾住了？”伯爵道：“他两口儿，也得一间门面，一间客坐，一间床房，一间厨灶，四间房子是少不得的。论着价银，也得三四个多银子。哥只早晚凑些，交他成就了这桩事罢。”

结果，西门庆白送三十五两银子为他买了房。

（三）

长安价高，其居不易。历来首都房价都高，可大明是个例外。

崇祯十三年（1640年），北京正阳门大街居民傅尚志的一座小型四合院：两间南房、两间北房、一间厢房，卖价三十三两。

大明永乐时就迁都北京，在当时的首都北京，只需要花上几十两银子，就能买上一套四合院。其实，决定四合院价格的是大小，又称进深。

《金瓶梅》第 33 回，金莲道："你也怕你爹？我说你不怕他。你爹今日往那里吃酒去了？"经济道："后晌往吴驿丞家吃酒，如今在对过乔大户房子里看收拾哩。"金莲问："乔大户家昨日搬了去，咱今日怎不与他送茶？"经济道："今早送茶去了。"李瓶儿问："他家搬到那里住去了？"经济道："他在东大街上使了一千二百银子，买了所好不大的房子，与咱家房子差不多，门面七间，到底五层。"

"到底五层"是五进深的意思，这样的大宅，常常带着小花园。

《金瓶梅》第 70 回：夏提刑见他升指挥，不在清河县做官了，家里房产要出售。西门庆在京城遇上问他："堂尊高升美任，不还山东去了，宝眷几时搬取？"夏延龄道："欲待搬来，那边（清河）房舍无人看守。如今且在舍亲这边权住，直待过年，差人取家小罢了。日逐望长官早晚家中看顾一二，房子若有人要，就央长官替我打发，自当报谢。"西门庆道："学生谨领。请问府上那房价值若干？"夏延龄道："舍下此房，原是一千三百两买的徐内相房子，后边又盖了一层，收拾使了二百两，如今卖原价也罢了。"

在那会儿一般来说，千两白银的房子，定是豪门大宅，达到了皇族的级别。

成化十四年（1478 年），朝廷给分封于各地的朱姓子孙发放购房款，皇帝的哥哥、弟弟、叔父、伯父，每人能领上千两，用来购买超级豪宅；皇帝的堂哥、堂弟、堂伯、堂叔，每人能领几百两，用来购买豪宅。

关系疏远一点儿的，像明宪宗二叔家三孙子的四侄子，只能领到几十两，用来购买相对普通的住宅（万历《明会典》卷十八）。看来，这成化皇帝也知道房价便宜，真是够抠门儿的。

《金瓶梅》中，李瓶儿以一个大户人家的小妾，嫁入花家，没想到花家中道衰落，但是有钱的底子仍在。第 14 回，李瓶儿及丈夫花子虚遇兄弟财产官司，官判要卖现住房。此时官判："（花家）太监大宅一所，坐落大街安庆坊，值银七百两，卖与王皇亲为业；南门外庄田一处，值银六百五十五两，卖与守备周秀为业。只有住居小宅，值银五百四十两，因在西门庆紧隔壁，没人敢买。""李瓶儿急了，暗暗使过冯妈妈来对西门庆说，教拿他寄放的银子，兑五百四十两买了罢。这西门庆方才依允。当官交兑了银两。"

花家老太监的花大宅以七百两银子早就卖给了王皇亲；城外庄田，因交通不便利，值六百五十两，这是包括农村土地的。只剩下李瓶儿家这所房子，也是带花园的，虽说没西门家大，但也是花园别墅。这个在后来书中写西门庆与李瓶儿通过花园偷情就能知道。

隔壁老王，不只是惦记着你家娘子那么简单，有时候，还会随手收了你家的房子。

李瓶儿人让西门庆收了，没多久，房子也成了西门庆的家产。

方言，东北话根源竟然在这儿

东北有一种聊天叫唠嗑，有一种寻找叫撒摸，有一种有能耐叫尿性，有一种分辩叫掰扯……俺要与你唠唠东北嗑儿，掰扯掰扯东北话。

话儿的说道太大，是隐语。东北人爱将说话时抠字眼、挑剔错误叫“抓话把儿”，这个词能干倒所有老外。

“瞧你那损色（shǎi 东北方言）！一提‘那啥’你就那啥了！别扬了二正的，麻溜儿地先整明白什么叫话儿，也让我别白落忙……”

东北这疙瘩地方话儿历史挺那啥的——挺嫩。

莫非《金瓶梅》中的“那话”事关东北人“这话”的产生？

（一）

顺治十年（1653 年），刚刚从盛京（沈阳）迁都北京的顺治皇帝颁布了《辽东招民开垦令》。一夜之间，驿马飞传北方各地："辽东招垦至百名者，文授知县，武授守备；招六十名以上者，文授州同判，武授千总；招五十名以上者，文授县丞主簿……"这个政策使得"燕鲁穷氓闻风踵至"。

只要能把人"骗"来，就立马授官，不用考试，不用送礼。

当知县的起点是进士，这是华夏自唐以来的传统，到明朝也是如此。可满族人顾不得许多，出措施就要有力度。此令一出，想必那些十年寒窗苦读的举子心里拔凉拔凉的。

八年后（1661 年），奉天（沈阳）、锦州两府，一年新增人丁 5557 人。"人丁"，在明清之际是个专有名词，指载入户册并负有赋税义务的男性人口（女人迟早外嫁出门，不算人丁）。大清初年，人丁与家庭全部人口比一般为 1 ∶ 5。

这与《金瓶梅》、与东北话有什么关系？

虽说一方水土养育一方人，一方土语带一方水味，但一种方言的形成，其中一个核心因素就是：此地构成人口的主流。

明洪武帝朱元璋时，在辽东设卫所（军区），今天的辽宁，由辽东都指挥使司管辖，其人口构成比例为："华人（汉人）十七（十分之七），高丽土著、归服女真人十三（十分之三）。"

七成汉人——不用问，辽东方言是以汉语为主体，此时，东北地区的语言已经基本构成：汉语（多来自山东、河北）、高丽语、满语。汉语，是绝对的主角。

关东，从明代开始就历经了中国历史上最大的移民浪潮。

到 1931 年，共有 1500 万人次越过山海关、渡过渤海移民进入东北。当时成为永久居民的有 800 万到 1000 万人，是闯关东来的。毫无疑问，其中九成以上的人是汉人。

汉人为主体，汉人中，又以山东人、河北人居多——在东北平时说啥话，不言自明。

东北话指汉语东北官话，分布在除辽东半岛以外的东北地区和河北东北部，包括黑、吉、辽、内蒙古东部、河北等地。东北官话可分为吉沈片、哈阜片、黑松片，每片又可分为若干小片。每一片方言，都对应一片独特的地域。每一片方言，都有其独特的魅力。

（二）

明代小说《金瓶梅》的开篇便是：山东省东平府清河县……其中的对话恰恰以山东话、河北话为主体——东北人的东北话与它也就扯上了关系。

没点掰扯精神，还真读不了让俺默默献上膊楞盖（膝盖）的天下第一奇书。

中国语言有着世界独有的特色：书面语与口语严格分开。从先秦到清末，数千年就没变过。那么问题来了，古代的口语与现今说的是一样的吗？

你一定会说不知道。因为你没听过古人说话，而且你看过的图书、文章全都是难懂的书面语——文言文，不过，《金瓶梅》会改变你的认知，这部书是以口语表达为主的小说，明代口语（北方方言）多见于此书。

看《金瓶梅》，就能找到今天东北人东北话的来历，也算真正找到根了！

《金瓶梅》一书中，处处可见东北话。第 11 回，西门庆对桂姐说要到她家，桂姐问："多咱去（什么时候）？"这"多咱"，散发出的东北大碴子味儿还真足。

"削"在东北也是一个具特色的话儿。"欠削（欠揍）啊？""削你（打你）啊！"……这样的话，在东北会时不时地听到。但是在语境上，"削"与"揍""打"是有很大区别的。

以东北人的性格，说"削你"，可能不是真的要打你，而是在气势上压倒你！

而在《金瓶梅》书中，此"削"为"嚣"。第 29 回，西门家来了个算命的吴神仙，说丫头春梅有贵夫命，吴月娘不满。西门庆解释说，算命的都这样，往好里说，周大人介绍来的，"咱不能嚣了他的头"。第 38 回，韩二骂嫂子王六儿：搭上有钱的汉子"故意的撵我，嚣我"。

方言经过口口相传，许多字的写法都失其意象。可怜的东北人，一直以来都以为"嚣你"是"削你"。

都说东北人彪悍，可只要一开口瞎嚷嚷"削（嚣）你啊"多半都是在拉架子——虚张声势。

《金瓶梅》第 18 回，西门庆听说与他许下终身的李瓶儿，要嫁给医生蒋竹山，愤愤不平地说：“把我气了个立睁。”

“立睁”，现在东北话里还在用，意思“是没办法了，气糊涂了”，与之同义的东北方言话还有“没电”“没招儿”。

《金瓶梅》第 18 回，月娘说潘金莲“你只顾嘴头子哔哩礴喇的”这话是说女人嘴皮子机关枪爆豆子似的，论起理儿来没完没了。

《金瓶梅》第 14 回，李瓶儿说到她的寿字纹簪子：“此是过世老公公宫里御前作带出来的，外面那里有这样范。”

“样范”，在今天辽宁西片的东北话中仍然在使用。

东北人形容“色彩”是极生动的，说“很深的黄颜色”叫“焦黄”；说颜色多，或穿着俗气的大红大绿，叫“花花绿绿”或“花黎棒子”。

《金瓶梅》第 52 回，只见来安进来，取小周儿的家伙（剃头工具），说：“门首唬的小周脸焦黄的。”第 59 回，春鸿跪下便道：“……跟俺爹从一座大门楼进去，转了几条街巷，到个人家，只半截门儿，都用锯齿儿镶了。门里立着个娘娘，打扮的花花黎黎的。”

“花花黎黎”，原是山东口语。春鸿虽是扬州人，可这东北味儿还挺纯的，听着咋这么亲呢。

（三）

说实话，在明朝，东北话——特别是辽宁话，还真得叫“山东话”。

大明朝时，辽宁大部分地方，行政区划归山东省。今天辽宁省的灯塔市，在大明时叫北烟台。两地有着千丝万缕的关联，无不打着山东的烙印。

山东是明代建的省，辽宁是 1929 年民国时期才设省，比山东省晚得多。

在大明时期，东北就是边陲地区，而辽东只设卫所，辽河以西十四卫所，以东十一卫所。明代朝廷腐败无能，这片土地有些管不过来，才让建州女真三卫一路坐大。

当女真统一东北，这个马背民族开始显露蛇吞象的雄心。

清皇太极攻打辽东半岛时，大明不少援军不是经山海关来驰援，而是从山东半岛渡海登陆辽东。

为何如此？一是同行政区划内守土有责，二是兵力好调度，不掣肘。

由此，在当时的辽东半岛，山东口语是绝对的官话。

所以，《金瓶梅》里的山东口语还真是东北话的根，并影响到了满族语词汇的发音。

明万历二十七年（1599 年），努尔哈赤命额尔德尼巴克什用蒙古文字母拼写建州女真口语，创制了一种新的文字体系，史称“无圈点满文”或“老满文”。

这种“老满文”无疑要受有着强大融合力的汉语影响，清军入关后改进的“新满文”也是一样。

一般研究者认为，《金瓶梅》产生于万历二十年（1592 年）之前，而汉满口语的相互融合，要比这早得多。

《金瓶梅》第23回，宋蕙莲埋怨西门庆："冷合合的，睡了吧。""冷合合"一词东北人仍然在用。第25回，宋蕙莲说："……就是石头猞剌儿（旮旯）里迸出来的……"

"磕什"（砢碜）这个东北嗑儿，许多语言专家说是来自满语音译，是"难看"的意思。可是这个"砢碜"一词，在《金瓶梅》（词话本）中随处可见，这显然是山东口语在满语中的呈现。

贼，这个词现在是东北话的第一标志语。东北人一说什么东西非常好，常常是"贼好！""贼拉好！"这个"贼"的来源，有东北语言专家认为来自朝鲜语。

其实，"贼"在《金瓶梅》书中就有。第22回，宋蕙莲与西门庆偷情，被潘金莲发现，蕙莲为讨好金莲"每日在那边，或替他造汤饭，或替她做针指鞋脚，或跟着李瓶儿下棋，常贼乖趋附金莲……"

"贼乖"，这个"贼"可不是像贼一样，而是"非常、极其"的语意，是标准的东北方言前身。潘金莲常暗骂西门庆：贼没良心的行子货、贼强盗……

在今天，东北话的地域特色在城市的表现远不如在农村。

而《金瓶梅》中，孟玉楼的姑婆骂张四："张四，你这老油嘴，是杨家（孟前夫家）那个膫子合的？"

这句是地道的东北农村妇女的狠话，具有一等一的杀伤力。不得不说，山东人民真伟大，为东北人传下这么有力度的国骂！

至于"扯淡""空落落（lào）""忽悠""文溜（花纹、图案）""撺掇（教唆）""约莫（估计）""稀罕（喜欢）"……今天东北人说的方言，几乎都能在《金瓶梅》中找到。

东北有句方言叫“扔大个儿”，指话拣大的说，也叫“用话砸人”。

这在《金瓶梅》里也有。第 76 回，月娘向西门庆抱怨潘金莲：“惹的他昨日对着大妗子，好不拿话儿咂我，说我纵容着你要他，图你喜欢哩。你又恁没廉耻的！”

这话里有点东北人唠嗑的感觉，“拿话儿咂我”，这个“咂”，细想想，真胜过“砸”。

为《金瓶梅》书作序的东吴弄珠客曾说：“读《金瓶梅》而生怜悯心者，菩萨也；生畏惧心者，君子也；生欢喜心者，小人也；生效法心者，乃禽兽耳。”

这句曾被无数次引用的话，现在看来却有遗珠之憾——弄珠客忽略了中国的真正智慧与文字利器，许多都在他没留意的口语中。

口语，明朝流行哪些“网红”词

当今互联网传播凸显了平民的口语化，形成了完全有别于书面语言系统的传播新方式。

草根口语，无疑是其最大的特色。但这一变化带来的最直接的后果便是：民俗俚语再次掀起风浪。

让一部分人津津乐道，又让一部分人摇头叹息的是，这些泛起的口语中，有大量的看似新奇的“网语”。

实际上，这些网络用语在明代时就出现过，而且是最低级的口语。比如老鼠、蟑螂。你就不能不感叹这种低级生命的顽强。

明代口语在那时的人际流转中，不仅没消磨掉，四百年后通过互联网，反而让一些不登大雅之堂的口语再次红了，并给予了它们全新的定义。

（一）

口语的鲜活生命在于它真正地植根于生活，扎根于平头百姓这块沃土。俚语俗言，从来难登台面，可有些土嗑儿，一句比一句硬。

《金瓶梅》一书，特别是万历词话本，以明代口语见长。咱先说第 82 回，潘金莲唱了个小曲《六娘子》：“入门来将奴搂抱在怀，奴把锦被儿伸开。俏冤家顽得十分怪，嗏（音 chā），将奴脚儿抬……”

《六娘子》是元明民间的曲名，此等淫词艳曲，多盛行于勾栏瓦肆。潘金莲所用之“嗏”，虽然是语气词，可语境却等同今天网语中的语气叹词。

四百年前，明代人极具善谑性。这“嗏”成了家常便饭，分明是轻佻中带着点淫邪与不在乎。

当年烟花昌盛，这等青楼之词，经人口口相传，竟然也能生出新意。而今已完全升级，再度横行互联网。

近千年来，书面语言一直力压口语，文雅含蓄。

现今，网络平民化、草根化，兴起了书面语的口语化。《金瓶梅》书中的大量口语，让后世了解民间口语的嬗变，也让人追踪到网络口语的根源。

“精神病”是今天网上流传说人思维混乱的常用语。《金瓶梅》第 5 回，武大郎说：“兄弟，我实不瞒你说，我这婆娘，每日去王婆家里做衣服，做鞋脚，归来便脸红。我先妻丢下个女孩儿，要便朝打暮骂，不与饭吃。这两日有些精神错乱……”

其实，《金瓶梅》书里骂人是神经病有个词，叫“汗邪”，直译虽是“中邪”的意思，但却是标准的骂人话——神经！

第 23 回，西门庆要借潘金莲房子与仆人宋蕙莲偷情。潘金莲骂道：“我不好骂的，没的那汗邪的胡说！”

现在一些人表示轻蔑某事时爱用秽语“关我屁事”。《金瓶梅》第 41 回，因被西门庆骂，潘金莲背后发泄：“教他人拿我惹气，骂我，管我毬毛皮事。”

别以为潘金莲只会一流的骂人粗话。第 8 回，潘金莲取花笺拈玉管，给西门庆写了首《寄生草》：“将奴这知心话，付花笺寄与他，想当初结下青丝发，门儿倚遍帘儿下……”

《金瓶梅》全书中，潘金莲的书面语言功底堪称第一，可她偏偏就喜欢用下三路的污言秽语，能逮谁灭谁。

潘金莲多脏的秽语都能说出口，这一点，骂人的网语算是得了她的真传。

（二）

古人的语言表达中，书面语与口语是分开的，这是普通话的特别之处。

书面语多为文辞雅句或官话，口语多为俗俚方言。这也是国人表达智慧、宣泄戾气的重要渠道和手段。

“学霸”这个词充满了现代的活力，也挺适合互联网语境。但是，这个词却是一个地地道道的古代词语。《金瓶梅》第56回，西门庆请师爷，推荐师爷的人说此人学识甚好，拿出此人信札，中说：“两斋学霸惟吾独尊。”

一直以为“学霸”是今天新生语，是当下应试教育下的产物，看来，完全不是。

古今之意已有了天翻地覆的变化，但有些口语却几千年不变。

“女汉子”是时下网络口语。这要是在博大精深的汉语中，其书面表达有着无尽的多样性和文雅。如《诗经》说“女汉子”就叫：“釐尔女士。”这“女士”一词怎么听都文雅。

汉代有个大儒孔颖达，他将“女汉子”解释为：女性有男性的品德、胸襟。再如，巾帼不让须眉，也是“女汉子”的书面语。

而《金瓶梅》一书的精彩之处都在女人的对话上，第29回，金莲夸孟玉楼能干：“你好汉，又早纳出一只来了。”此是“女汉子”的口语表达。

“挂了”现在网络上是在说“失败”“结束”，也引申为遇上了麻烦。

第19回，李瓶儿嫁蒋竹山，西门庆气疯了。他找人打了蒋，并且威胁李瓶儿：“我实对你说罢了，前者打太医那两个人，是如此如此，这般这般，使的手段……教那厮疾走无门；若稍用机关，也要连你挂了到官，弄到一个田地。”

观书分看与读，清代曾国藩言：“看者如攻城拓地，读者如守土防隘。二者截然两事，不可缺，亦不可混。”

《金瓶梅》应算是可读之书，百密不允一疏，唯涓滴不漏，方能发现其中的不同。

（三）

网语“小鲜肉”，今指高颜值、有活力的年轻男性，语出何处？

据传是从日本传来的叫法。其实，在明代也有相似的口语。《金瓶梅》第22回，潘金莲看春梅生气，问她：“贼小肉儿，你骂谁哩？”下文又称其“小臭肉”，此书称丫鬟多为“小肉”，称男仆为“小厮”。

“小肉”只称少女，从不用于称呼少妇，这体现了口语表达的生动与深刻。

当下口语热词，在崇尚时髦的上进青年口里，如果不说可能意味着跟不上时代。

“忽悠”，东北人曾以小品的形式，让人们认识到仅靠一张嘴就通行社会的风尚。然而，《金瓶梅》却要告诉你：此话山东古语就有！

第67回，西门庆睡觉梦到李瓶儿，被潘金莲看破，吃醋地说：“饶他死了，你还这等念他。相俺多是可不着你心的人，到明日死了苦恼，也没那人显念。此是想的你那心里胡油油的。”

“心里胡油油的”就是那种上不着天、下不接地的状态，真是“忽悠”啊！

明代时的口语，曾沉寂了四百多年，而今以雨后春笋之势再度被频繁使用。

如今，“扎心”一词，据说还入选了2017年度十大网络用语。“扎心”网上指内心受到打击和刺激，主要是向朋友诉苦或抱怨时使用。

《金瓶梅》第86回，王婆子睡梦中，口里说道：“只因有这些麸面在屋里，引的这扎心的半夜三更耗爆人，不得睡。”

数百年前的大明朝，一个只欠一死的老牙婆梦呓的语境，怎么与当今熬夜的网客的倾诉如此一致？

至于“开撕”“扯淡”这些词在《金瓶梅》中是常见的口语，现今也是流行于网络。

在《金瓶梅》一书中，这等话多出自潘金莲之口，反而其他人却鲜少说出这样的粗口。

作为传统文化的拥戴者，看那些优秀的网络写手频繁地用这些字眼如同家常便饭时，偶尔，我真有点脸红。

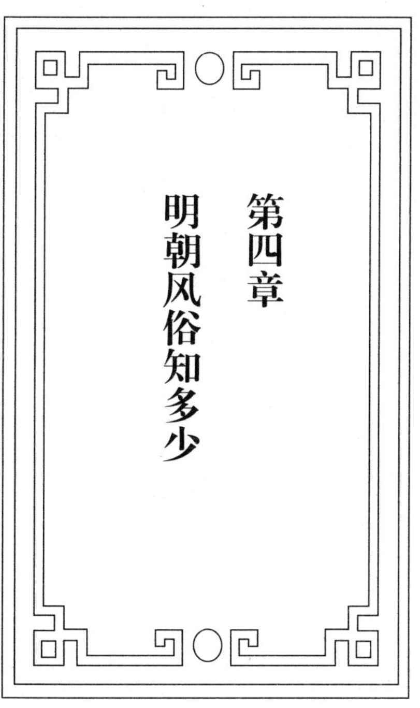

第四章 明朝风俗知多少

作揖，99% 的人只会装模作样

现代人多数都是“光说不练”的好手。熟人见面问好，不再握手或者是用肢体语言，而是打个招呼了事。

古代人的生活可比现在丰富得多，见面问好的礼数自然也多。熟人见面，嘴上问好不算，还得作揖。

作揖，你可能认为你也会作揖，可是实际上，你那不是作揖，是作样。

至于作揖的规矩，现在的人知道的少之又少。

打开《金瓶梅》，从头到尾你都会看到作揖。虽说，明代人也作样，但人家的样子作得地道，毫无破绽。

（一）

明代的作揖叫唱喏，是一种见面礼，这在《水浒传》中也常常出现。

《金瓶梅》满书皆是作揖，可揖与揖有别。其中，常见的一种是“深揖”。第 2 回，潘金莲初遇西门庆，误将支帘的竹竿打了路过的西门庆。“这妇人情知不是，叉手望他深深拜了一拜……那人一面把手整头巾，一面把腰曲着地还喏道……”

“还喏”即还礼作揖，“腰曲着地”就是深揖，这是西门庆的素养，更是撩妹的法宝。他初见李瓶儿时，也是如此。

《金瓶梅》第 13 回，西门庆留心李瓶儿已久：“虽故庄上见了一面，不曾细玩其详。于是对面见了一面，人（李瓶儿）生的甚是白净，五短身材，瓜子面皮，生的细弯弯两道眉儿。不觉魂飞天外，魄散九霄。忙向前深深的作揖。”

深揖是个有历史传承的动作，不是明代人的发明。

《汉书·高帝纪上》记载：“沛公（刘邦）方踞床，使两女子洗。郦生不拜，长揖曰：‘足下必欲诛无道秦，不宜踞见长者。’”唐代的颜师古对此注释说：“长揖者，手自上而极下。”

“长揖”，顾名思义，必然是要么时间很长，要么（手往下的）距离很长的作揖。根据颜师古的注释，“长揖”的动作应该是，拱手高举，自上而下行礼，此外汉代人作揖时一般有鞠躬的动作，于是也就有了长揖礼。

长揖其实就是深揖，这种深揖礼是仅次于跪拜的礼节。长揖礼作为十分尊重的礼仪，从汉代一直流传到清代。

明代《警世通言》第 40 卷：“有真君弟子曾亨入于城市，见二少年，状貌殊异，鞠躬长揖。”从这句话中也可以看到，明代的长揖确实是要鞠躬的。

《金瓶梅》第 13 回：那西门庆忙屈身还喏，说道：“不敢。嫂子（李瓶儿）这里分付，早辰一同出门，将的军去，将的军来，在下敢不铭心刻骨。”

“屈身还喏”，即鞠躬长揖。小说家常有“打躬作揖”之语，大多此谓。

时间越往后，作长揖的人就越少，到晚清时期，学者叶名澧在《桥西杂记》中说：“三十年前见诸先生前辈，宾主相揖，举手必至额及地，今此乡里偶一见之。”

时代变了，风俗、礼数也在变。

（二）

那么，到底应该怎么作揖？

宋代陆游的《老学庵笔记》说：“古所谓揖，但举手而已。”清代学者阎若璩，在《论语·述而》的注释中说：“古之揖，今之拱手。”对于作揖，这两人的解说基本一致：拱手。

《金瓶梅》第 47 回：“西门庆、夏提刑从衙门中散了出来，并马而行。走到大街口上，夏提刑要作辞分路。西门庆在马上举着马鞭儿说道：‘长官不弃，降到舍下一叙。’把夏提刑邀到家来……饮酒中间，西门庆慢慢题起苗青的事来……彼此推辞了半日，西门庆不得已，还把礼物两家平分了，装了五百两在食盒内。夏提刑下席来，也作揖谢说道……”

揖在古代生活中无处不在，见面、告辞、致谢、赔礼……都离不开作揖。

揖，《说文》：“攘也。”《礼记·曲礼》曰：“遭先生于道，趋而进，正立拱手。”

“趋”是迈小步快向前，在古代是个极尊敬的动作。“拱”，即双手抱拳。

《尚书·大传》以“拱手抱鼓”来形容。正立而拱手，以示恭敬之意，拱手时手举至齐额，双臂伸直，即揖礼。

《礼记·檀弓》又云：“孔子与门人立，拱而尚右，二三子亦皆尚右。孔子曰：‘二三自之嗜学也。我则有姊之丧故也。’二三子皆尚左。”凡拱手，右手在内左手在外，此谓尚左；左手在内右手在外，此谓尚右。

中国古代尚左，因为左为阳，阳则主生，所以吉拜之礼尚左。凡稽首、顿首、空首、肃拜、振动皆尚左。这是正常的行礼，是吉拜。

但是，若居丧期间的凶拜之礼皆尚右。因为右为阴，阴主杀。而古代女性行礼、吉拜，也是尚右。男左女右，这是行礼上的男女之别。

《周礼》记载，作揖有土揖、时揖、天揖、特揖、旅揖、旁三揖之分。土揖是拱手前伸而稍向下，时揖是拱手向前平伸，天揖是拱手前伸稍向上举，特揖是一个个地作揖，旅揖是按等级分别作揖，旁三揖是对众人一次作揖三下。此外还有长揖，即拱手高举，自上而下行礼。

根据《周礼·秋官·司仪》的诠释："土揖庶姓，时揖异姓，天揖同姓。"汉代大学者郑玄云："推手曰揖。凡拱其手使前曰揖，凡推手小下之为土揖，推手小举之为天揖，推手平之为时揖也。"

揖礼为站立之态行之，先拱手，然后向前略推。郑玄所云是依据手之高低，即《周礼》的"天揖、时揖、土揖"。

《金瓶梅》第35回："正饮酒中间，只见玳安来说：'贲四叔来了，请爹说话。'西门庆道：'你叫他来这里说罢。'不一时，贲四身穿青绢褶子，单穗绦儿，粉底皂靴，向前作了揖，旁边安顿坐了。"

这是明代人作揖的动作，但是，到了清代后期，作揖的动作发生了很大的变化。

晚清进士尚秉和《历代社会风俗事物考·卷二十四拜跪》中写："古之揖与今异，今揖举手至额，自下而上。古揖则下手至地，自上而下，古之揖，今戏剧所行是也。"

清以前，作揖是由上向下，到清代时，服饰由宽袍大袖变为马蹄箭袖后，官员的袖手变为垂手，作揖是从下往上的。

（三）

作揖，是男人们的事，女性一般是不作揖的。古代妇女行礼方式与男子有很大区别，唐宋时期民间白话小说有相关记载，妇女相见行礼，往往是口称“万福”。

这种礼节要求两手松松抱拳重叠（右手覆在左手上）在胸前右下侧上下移动，同时略作鞠躬的姿势。这种礼在京津地区，直到二十世纪五六十年代依然保存，多在年节、祝寿等庄重场合使用。

《金瓶梅》第 18 回：“月娘便道：‘既是姐夫会看牌，何不进去咱同看一看。’经济道：‘娘和大姐看罢，儿子却不当。’月娘道：‘姐夫至亲间，怕怎的。’一面进入房中，只见孟玉楼正在床上铺茜红毡看牌，见经济进来，抽身就要走。月娘道：‘姐夫又不是别人，见个礼儿罢。’向经济道：‘这是你三娘哩。’那经济慌忙躬身作揖，玉楼还了万福。”

清代学者段玉裁在《说文解字注》中说，古代女子也行作揖礼，即“左手在内，右手在外，是谓尚右手。女拜如是，女之吉拜如是，丧拜反是”。

但是，根据唐宋以后的白话小说，特别是《金瓶梅》并不支持此说法。

《金瓶梅》第 18 回：“午间请经济进来吃一顿饭，月娘陪着他吃了一回酒，只见潘金莲掀开帘子走进来……月娘道：‘此是五娘。姐夫也只见个长礼儿罢。’经济忙向前深深作揖，金莲一面还了万福。”

明初朱元璋废除胡跪（单腿跪）礼，推行揖礼。《大明会典·卷五十九》记载，洪武二十年（1387 年）令：“凡属官见上司官，必序立于堂阶之上，总行一揖。上司拱手。首领官答揖。其公干节序见上司官，皆行两拜礼。长官拱手。首领官答礼。凡揖礼、下见上躬身举手齐眼为敬、上官随坐随立无答。其次下官举手齐口、上官举手齐心答之。”

《金瓶梅》第 33 回：“韩道国铺子里不该上宿，来家早。八月中旬天气，身上穿着一套儿轻纱软绢衣服，新盔的一顶帽儿，细网巾圈，玄色段子履鞋，清水绒球儿。摇着扇儿，在街上阔行大步，摇摆走着。但遇着人，或坐或立，口若悬河，滔滔不绝，就是一回。内中遇着他两个相熟的人：一个是开纸铺的张二哥，一个是开银铺的白四哥，慌作揖举手。”

揖礼适用于所有人，百姓间的礼数如此，官员之间的揖礼亦然。

《金瓶梅》第 76 回，西门庆向宋御使送礼。宋御史（宋乔年）深谢其炉鼎之事：“学生还当奉价。”西门庆道：“奉送公祖，犹恐见却，岂敢云价。”宋御史道：“这等何以克当。”一面又作揖致谢。

大明一朝揖礼之多，在《金瓶梅》中可见一斑。如今，古风不再，倘若还有人作揖，一是装模作样，再就是老古董。

命运，这是前世注定的

许多时候，女人的命运与颜值高低、才艺如何毫无关涉。

一些女人有着倾国倾城的貌、多才多艺的身，可却红颜薄命。这样的女人，在古代叫姬妾。

清乾隆时，山西榆次县令龚如璋，曾随王师西征，有一首犒军诗：“拔刀割肉目眦裂，太平时羊乱时妾。”

饷军烹肉、分羹食妾的做法虽说夸张，可在乱世时，姬妾卖买却是平常事，算不得新闻。

《金瓶梅》中的西门庆就生活在这样的时代。

（一）

古代的婚姻形式是一夫一妻多妾制，而妾的身份大多卑贱，命运悲惨。

《礼记》上说：“妾，接也。言得接见君子，而不得伉俪也。”《唐律疏议》：“妾同买卖，贱同公物。”

“不得伉俪”是不能结婚的意思；“贱同公物”，妾就如同买卖的东西一般。大唐是多开放的一个朝代，怎会如此？

不管多么开放都白搭——妾从来就低人几等。

也难怪，宋代大文豪苏东坡贬官，身边姬妾，一律送人。因小妾春娘漂亮，有人拿匹马（马在宋末很值钱，是战略物资）换春娘，苏东坡一口答应。

明代《金瓶梅》关涉不少买妾卖妾之事，但其中绝无赠妾之事，唯有一处暗示“赠妾”之事，还被人忽略了。

《金瓶梅》第 67 回，应伯爵收用老婆的丫头春花，生了第二个儿子却没有钱养，便向西门庆借钱。西门庆送应伯爵五十两银说：这孩子“自是咱两个分养的，实和你说，过了满月，把春花那奴才叫了来，且答应我些时儿……”

“答应”暗指西门庆让应伯爵赠妾。此话西门庆说得很含蓄，然而，被应伯爵这只铁公鸡支支吾吾地搪塞过去了。

南宋周密的《齐东野语》以笔记的形式写了件奇事：宋代有两位名儒——陈了翁与潘良贵。其中，潘良贵世称“清（廉）潘”。两人的生母同为陈了翁之父的小妾。两父共用过一妾，先是陈父赠妾给潘父，生儿后又还妾。一妾生两位名儒，在当时传为奇谈。

后人写诗："赠妾生儿古人有，儿生还妾古人无。宋贤豁达竟如此，寄语人间小丈夫！"

士子也太"豁达"了吧，但问妾心何感？女人如物，她们的命为什么就这么苦？

今人对这件事怎么能想得通？可这就是古代规矩。

古人之礼，多成于周，上古三代，周制最繁，周代妻妾制就已定型。妾不得娶，多因妾的身份"来路不正"。

所以，《礼记·曲礼上》说："取妻不取同姓；故买妾不知其姓则卜之。"妻是娶来的，妾永远都不是，而且连姓氏都不知道，即便是找占卜师算一卦也只是做做样子。

妾的来路有多种：从嫁、私奔、购买、收房、赠送、赏赐、变卖、官配等。

《金瓶梅》第90回，西门庆的第二房妾孙雪娥与来旺通奸盗窃被抓，"知县拘将官媒人来，当官办卖"。老冤家春梅得知，用八两银子"买他来家上灶，要打他嘴，以报平昔之仇"。

孙雪娥算是陪嫁的丫头，还有一手煲汤绝活儿，才值八两银子的身价。

若是在更远的古代，孙雪娥的角色勉强称得上"媵"（指陪嫁女），这是先秦风俗，诸侯娶他国公主时，女方要赠送其他女子作陪嫁。

这等风俗到后世就演变成陪嫁丫鬟。许多陪嫁丫鬟"由婢晋妾"是有可能的。

而“通房丫头”一般只要是“开过脸”（指已婚）、被“收房”或“收用”的，一不留神就可能会成半个主子。

（二）

《金瓶梅》中的四大丫头——春梅、玉箫、迎春、兰香，就是这样的“通房丫头”。她们都被西门庆收用过，在穿着和气势上自然不同于一般的婢女。

如果说“通房丫头”的身份是介乎妾与婢之间，那么“姬”则介乎婢与妓之间。

“姬”指姬侍、家姬、戏子等，她们多半是买来的或者赠送的，没有人身自由，地位也极低下。

依据职能，婢的工作主要是从事家务，伺候主人的生活；而姬的工作则是娱乐主人，满足主人肉体与精神的需求。与妾不同的是，姬可以用来陪侍客人。

唐诗人白居易就蓄养家姬，那是有唐一代的风气。“樱桃樊素口，杨柳小蛮腰。”这是白居易自己写的诗。

“樊素”“小蛮”都是姬的名字。后人以为“小蛮腰”是楚宫遗传，实则不然。白居易在裴侍中府喝酒，有诗：“九烛台前十二姝，主人留醉任欢娱。”分明就是对当时社会中“姬”的写照。

明代，妓行越发出类拔萃，妓者才貌双全，如“秦淮八艳”。但这类女子不是一般人蓄养得起的，大明蓄妓之风气渐弱，但纳妓为妾却是当时的风尚。

明代的官员若是没有几房小妾是很丢脸的事。明代六十岁的钱谦益是个大名士，纳二十四岁的柳如是为妾。有人向朝廷举报：钱尚书以妻礼待柳，这是违制啊！但是，当时东林党忙着党争，仕宦忙着收贿，阉人忙着专权，大明朝廷没工夫搭理这事儿。

多大点事儿啊！纳个妾，瞎举报什么？

明代的大清官海瑞，七十五岁去世的时候，穷得连十几两银子都没有，自己的遗体都发送不了，可身边却有两房小妾。

古人认为，妻为正、为嫡，妾为副、为庶。正副嫡庶，不可僭越。妾等同于物品，可以交易，可以随时买卖、赠送。若妾改嫁，可是一分钱都拿不走的。

《金瓶梅》第 85 回，春梅被外嫁出卖，媒婆问潘金莲："说爹在日曾收用过他。"潘金莲说："收用过二字儿（别提了），死鬼把他当心肝……要一奉十，正经成房立纪老婆且打靠后。"但是媒婆却来告诉潘金莲，当家的月娘交代了："打发他。箱笼儿也不与，又不许带一件衣服儿，只教他罄身儿出去。"

第 86 回说到潘金莲被赶走，只"打点与了他两个箱子，一张抽替桌儿，四套衣服，几件钗梳簪环，一床被褥。其馀他穿的鞋脚，都填在箱内"。

"罄身儿出去"这是让通房丫头净身出户，啥都不给，也别想带走。而潘金莲也一样没好到哪儿去。说是改嫁，实则被活生生地卖掉，虽然让她带了东西，但全是破烂。

到唐宋时代，妾的低贱身份便已成了铁律。古代是男权世界，有点钱就多娶几房太太，这种事，当然一路受捧。

清末怪杰辜鸿铭，学贯中西，却支持多妾制。他说男人纳妾，就像是“一把茶壶配上四只茶杯”，这等理论名噪一时。

对此，潘金莲有个最有力的答辩：“那有一只碗里放了两把羹匙还会不冲撞的？”这话里有着很激烈的阶级斗争意识。

（三）

潘金莲说得不错，如果男人妻妾成群，就会产生争风吃醋、夺宠抢爱的情况，这也是对男人体能、智力的挑战。

《金瓶梅》第 11 回，西门庆家发生了一场潘金莲丫头庞春梅与西门庆第二房妾孙雪娥的战争。这一天，西门庆与金莲一夜缠绵，起来要吃饼。做饼是个慢活儿。春梅去催，便与后厨总管孙雪娥展开对骂。

春梅原是西门庆正房妻子吴月娘的丫头，后来才成了潘金莲的丫头，而孙雪娥的原始出身，则是西门庆死去的原配妻室陈氏的通房丫头。

二人原来的主子一个是现任正房，一个是原配正房，看似旗鼓相当，实际却存微妙差异。因为原配正房已死，当家的是现任正房，现任正房对原配正房有着天然的妒意，春梅自然最清楚这一点。

尽管孙雪娥被纳为妾，仍改变不了通房丫头的出身，而且以春梅的性格是瞧不起孙雪娥的。两个人半斤八两，况且春梅是新宠，出言不逊是必然的。

尽管妾得了一时之宠，其命运仍是难测。《金瓶梅》主角潘金莲的一生也算轰轰烈烈，咬尽了尖、享尽了宠。可潘金莲却被辗转卖过数次，受尽了苦：九岁时被母亲卖到王招宣家为婢；十五岁，王招宣死了，又被卖给张大户收用。

这经历，与明末“秦淮八艳”之首柳如是相似：幼时被卖为婢，后被收房，又被卖至妓院。潘金莲第三次被卖是西门庆死后，正房吴月娘把潘金莲卖了。

这个情况叫“和卖”，也就是说并没有劫持、强迫，正房清理了门户又收了一笔钱，潘金莲也能开始新生活。这是两全其美，还是一人之哀?

一夫多妾制，不在于一把茶壶配几个杯子，而在于茶壶里有多少东西。

以西门庆的财力、体能，管理手段仅限于妻妾六房。若与其后的清代人比，也算是小巫见大巫。

清代诗人袁枚被史学家章学诚痛骂“这样的人渣应该被凌迟”，作为一个异类，袁一生纳妾十余个。

六十七岁时他在扬州阅历花丛，看中了十七岁的吴七姑，欲以五百金为婚聘，姑娘未肯，后为谢未堂司寇以八百金购得，谢未堂未及迎娶，知道袁枚早已垂青，就慨然赠送给袁枚。

这妾的价钱，在腐败的明代看涨。潘金莲也才值一百两银子。

红颜薄命，女子一入风尘便难得善终。

貌可沉鱼，艺不压身，流星般命运虽前世注定，但毕竟也闪亮过。

水银，真藏着返老还童的密码吗

水银作为液态存在的金属，有着闪烁灵动的气质，一直很神秘。司马迁的《史记》里写秦始皇陵：“以水银为百川江河大海，机相灌输。”春秋五霸之一的齐桓公，葬在今山东淄博市临淄区，墓中也是“倾水银为池”。

帝王之陵使用如此多的水银，目的很明显：防腐、更好地保存自己的遗体。

晋代葛洪《抱朴子·金丹》中说：“凡草木烧之即烬，而丹砂烧之成水银，积变又还成丹砂。”

丹砂（硫化汞）加热可成水银，这种神奇的转换，很早的时候就受到了热情的关注。在古代炼丹师的眼里，水银如同雌雄共体、阴阳谐生。

但是，仅凭那几个得道高人，在深山老林里再怎么折腾，烧丹炼药，朱砂变水银，可有几个真能见识水银的人？

普通人与水银一生无涉，但对《金瓶梅》中的西门庆来说却大不一样……

（一）

水银，得到这种金属要经过繁复的过程。秦始皇陵中模拟出了江河大海，如此巨量水银是哪儿来的？

司马迁在《史记·货殖列传》中说，秦代的巴郡有个寡妇名叫“清”，长期垄断丹砂开采的生意。《史记·货殖列传》注：“徐广曰：涪陵出丹。”涪陵，位于今重庆市彭水县。

四川东南一带是春秋战国时汞矿的主要产地。

《吴越春秋》载：“阖庐死，葬于国西北，名虎丘，穿土为川，积壤为丘，发五都之士十万人，共治千里，使象摙土，冢池四周，水深丈余，椁三重，倾水银为池，池广六十步，黄金珠玉为凫雁……葬之三日，金精上扬，为白虎据坟，故曰虎丘。”

古代丹砂，除了用作书写、绘画和化妆的颜料外，主要用途是用于医药或提炼水银。长期和水银接触的人，除了帝王的遗体，就那些天天想成神仙的炼丹师。

晋代葛洪的《肘后备急方》中有个“葛氏疗年少气充面生包疮方”。

这个药方里将“胡粉、水银、腊月猪脂和熟，研令水银消散，向暝以粉面，晓拭去”，专治青春痘。

水银在《金瓶梅》中出现了三次，其中一次在第16回，李瓶儿气死老公花子虚后，急着要嫁西门庆。此时，西门庆已将花家的房宅买下。两家原是隔壁，他正准备打通院墙，把两家并为一个花园。

李瓶儿前身不净，不仅与老公公有一腿，还瞒着自己的老公贮积一批财富。她得知西门庆家里的工程等银子用，就说：“奴这床后茶叶箱内，还藏三四十斤沉香，二百斤白蜡，两罐子水银，八十斤胡椒，你明日都搬出来，替我卖了银子，凑着你盖房子使。你若不嫌奴丑陋，到家好歹对大娘说，奴情愿只要与娘们做个姊妹，随问把我做第几个的也罢。”这些货一共卖了三百八十两银子，“李瓶儿只留下一百八十两盘缠，其馀都付与西门庆收了，凑着盖房”。

沉香是自古从东南亚进口的奢侈品，主要用于熏香及制药，胡椒也是从东南亚进口的，用途也是制药。

南宋周密《癸辛杂识续集·白蜡》说：“白蜡之价，比黄蜡常高数倍也。”明代李时珍《本草纲目·虫一·蜜蜡》也记：“蜡乃蜜脾底也，取蜜后炼过，滤入水中，候凝取之，色黄者俗名黄蜡，煎炼极净色白者为白蜡……”

李瓶儿的这些东西多数是药材，可独独这水银，没那么简单。

《汉武帝内传》记：“封君达，陇西人。初服黄连五十馀年，入鸟举山，服水银百馀年，还乡里，如二十者。常乘青牛，故号‘青牛道士’。”

这是服水银成仙的逸事，古代历史中服水银得道这类的例子多的是。

水银不单是中药原材料，还被当成了成仙成神的大丹啊。

唐代有两位得道高人寒山、拾得，被后人称为“和合二仙”。寒山隐居天台山，为后人留下真诀：“长生还丹取成大丹，不可不知炉鼎。”“余览古贤真旨，众真歌诀，不离真妙之铅汞。”

水银，真的有这么神吗?

（二）

古籍中出现的水银常与镜子有关。《金瓶梅》第 12 回，西门庆几个兄弟，到妓院去，可手脚却不干净。“应伯爵推斗桂姐亲嘴，把头上金琢针儿戏了；谢希大把西门庆川扇儿藏了；祝日念走到桂卿房里照面，溜了他一面水银镜子……”

祝日念所偷的水银镜子，不是今天的玻璃水银镜，而是青铜镜子。

现在的人不知道古代女人怎么对镜梳妆，其实，古代的青铜镜的镜面，只有呈水银色才能更清晰地照人，不只是后人说的出土“青铜镜水银古”。

中国几千年间，铜镜是个了不得的隐喻。

佛教禅宗六祖慧能，咏过“明镜亦非台”。在道教中，镜亦为法器，照见自己的内心，方便修行。

东晋葛洪的《抱朴子》中，就记载了《四规经》《明镜经》《日月临镜经》等一系列利用镜子修行的秘籍。

《金瓶梅》第58回，金莲与玉楼在大门“只听见远远一个老头儿，斯琅琅摇着惊闺叶过来”，是个磨镜人，潘金莲就叫他来把镜子磨磨。小厮来安提了八面镜子，怀里还抱了个四方穿衣镜。潘金莲说来安应座架分两次拿，担心把镜子“叮当了”。“共大小八面镜子，交付与磨镜老叟，教他磨。当下绊在坐架上，使了水银，那消顿饭之间，睁磨的耀眼争光。妇人拿在手内，对照花容，犹如一汪秋水相似。”

如此看来，古人的青铜镜子毫不逊色于今天的水银镜。

西汉刘安《淮南子·修务训》说：“明镜之始下型，矇然未见形容，及其粉以玄锡，摩以白旃，鬓眉微毫可得而察。”

“白旃”是羊毛，“玄锡”则是所谓的“磨镜药”。“磨镜药”是一种水银和锡的混合物，宋代赵希鹄《洞天清禄集》提到：“以水银杂锡末，今磨镜药是也。”

锡作为“五金”之一，是方士炼丹常用的辅料。炼丹师在炼仙丹过程中掌握了各种提炼铅锡的方法，占有原料的炼丹方士也逐渐垄断了磨镜市场。

西汉末的《列仙传》，有位称“负局先生”的磨镜人：“常负磨镜局徇吴市中，磨镜一钱。因磨之，辄问主人，得无有疾苦者，辄出紫丸药以与之，得者莫不愈。”

负局先生显然是位炼丹师，他在磨镜之余，还推销自己炼成的丹药。

（三）

古代历史，无论正史还是野史，都言之凿凿地记载了一大批得道高人，如张果老、吕洞宾、陈抟，等等，不胜枚举。

东晋葛洪在《抱朴子·金丹》中记录了大量的成仙之丹，多数与水银有关。其中，岷山丹法，是道士张盖蹋精思于岷山石室中得到的："其法鼓冶黄铜，以作方诸，以承取月中水，以水银覆之，致日精火其中，长服之不死。""取此丹置雄黄铜燧中，覆以汞曝之，二十日发而治之，以井华水服如小豆，百日，盲者皆能视之，百病自愈，发白还黑，齿落更生。"

往事越千年，水银，真的这么牛吗？

水银的神奇功效，真让咱这些后人疑惑。

从秦汉起，水银就与仙道派形影不离。自从秦汉以来，皇帝都梦想长生不老（老百姓也想啊），中国仙道学便异军突起，找返老还童药，炼丹。

明《墨娥小录》载："朱砂……安铁锅内，上覆乌盆，于肩边取孔，插入竹筒……锅底用火。其汞有在乌盆上者，扫取之。亦有自竹筒流下者。"

明嘉靖皇帝最崇炼丹与房中术，进献的秘方丹药五花八门。其中，"红铅"曾流行大明后宫中：将处女月经（十四岁左右少女初潮）和药粉经过拌和、焙炼，粒形如丹砂，可补阳长生。

在淳安当县长的海瑞，刚调到中央便高调反对，以《直言天下第一事疏》死谏，结果被关入天牢。

八仙之一“汉钟离”（本名钟离权）曾言：“以内事为法而炼大丹。八石之中，惟用朱砂，砂中取汞；五金之中，惟用黑铅，铅中取银。汞阳龙，银为阴虎。”

宋代紫阳真人也说：“朱砂炼阳气，水银烹金精。金精与阳气，朱砂而水银。”

前辈高贤，为何你们几千年执着地抓着水银不放？难道此中真有后世参不透的密码？

筷子，方首圆足是当时最流行款式

微言大义、见微知著，基本上是咱国的光荣传统，凡事若不弄到江山社稷的份儿上，史家都对不住这支笔。

有时候，后人谁都没注意的东西，比如筷子，多少先贤都曾争着写。

国史同质化严重，小小的筷子，就有战国末《韩非子·喻志》说：“昔者，纣为象箸而箕子（贤臣）怖。”西汉《淮南子·说山训》有“纣为象箸”的记载。司马迁《史记》也说“纣为象箸，而箕子唏”，而且还说是纣发明了象牙筷子（“纣始为象箸”）。

一代帝王偏偏因为用了一双象牙筷子，就引发了恐慌?

《金瓶梅》的故事部分取材于《水浒传》，一对男女的孽缘和血案，却真的是一双筷子引发的。

（一）

《金瓶梅》里，潘金莲与西门庆谋杀武大郎，武松杀嫂的狗血剧，是怎么从一双筷子开始的？

当被迫改嫁三寸丁武大郎的潘金莲，正心怀不甘之时，帅帅的打虎英雄武松突然出现在她家，潘金莲春情萌动，马上移情武二郎。

《金瓶梅》第1回："那妇人（潘金莲）笑容可掬，满口儿叫（武松）：'叔叔'，'怎的肉果也不拣一筯儿？'拣好的递将过来。"

这殷勤的"一筯"，就挟带着女人的春情和淫邪之气。

潘金莲撩帅哥不成，筷子又被隔壁老牙婆王婆设计成了关键道具。

王婆为西门庆设计拿下潘金莲的十步"挨光计"，最后的节点是拂落筷子。筷子落地，西门庆的面具亦同时落地。

王婆诲淫西门庆拂落筷子之法，也一定是实战经验的高度总结。

历史的魅力全在细节。拂筷设计，是与当时筷子的放法与形状有关的。

至于筷子的形状和摆放规矩，《金瓶梅》没写啊！可历史凿凿，听俺慢慢说……

古人的餐仪非常有意思。汉晋时，筷子是垂直于用餐者放；到唐代时，筷子就横过来，与餐桌沿平行放了。今天的日本、韩国仍流行这样摆放筷子。可到了宋代及明代，筷子又变回了垂直于餐者放置。

有时，我们虽说不清这是民风还是世俗，但是大家却拥有同样的选择。

筷子垂直于用餐者这种放法，非常适合为宽袖拂落。

《金瓶梅》第 4 回，西门庆“故意把袖子在桌上一拂，把那双筷子拂落在地下。一来也是缘法凑巧，那双筷子正落在妇人脚边”。西门庆一面斟酒劝那妇人，妇人笑着不理他。他却又待拿起箸子来，让他吃菜儿。寻来寻去不见了一只。

潘金莲对此心知肚明，不过是将计就计。“一面低着头，把脚尖儿踢着（筷子）”，笑道：“这不是你的箸儿！”……西门庆蹲下身去，且不拾箸，便去他绣花鞋头上只一捏。

这一拂一捏，拂去的是面具，捏起的是奸淫。

明代汉服宽袍大袖，非常便于拂落筷子。若真的换成了胡服窄袖，再完美的拂筷设计也是白搭。

这拂筷绝活儿，还有一个细节需要注意：明代筷子的形状。

筷子历经千年到明代已演变成为方首圆足，上半部为方形，下半部为圆形。明以前的筷子多数为圆柱体，当然，宋代出土的筷子实物也有六棱等形状的，但不是主流。

圆柱形的筷子，不用拂就会滚落，而方首圆足的明式箸，不拂是很稳的，放置方式易于西门大官人宽袖拂过。

在 1956 年发掘北京定陵（明神宗朱翊钧之陵）时，就出土有金匙、箸瓶架等生活日用品。其中，箸瓶架上还插有乌木镶金箸。此箸就是方首圆足的四棱箸，顶端还镶有金帽。

方首圆足的筷子是当时最流行的款式，也是那个时代的时尚。

（二）

历代筷子的形状多种多样，而筷子的名称也是众多，有时候让专家都蒙圈。

先秦时期筷子称“挟”，也作“夹”，汉代大学者郑玄曾经专为筷子进行注释：“挟，犹箸也，今人谓箸为挟提。”

汉代的专家学者称商时筷子为“箸”，古写为“木箸”，两汉时候又出现了“筯”字，“筯”通“箸”，可见于名家诗句。唐代李白《行路难》“停杯投箸不能食”；杜甫《丽人行》“犀箸厌饫久未下，鸾刀镂切空纷纶”。

大诗人杜甫写的“犀箸”可比象牙箸奢侈多了。在明代富裕之家中，象牙箸却是常见的日用品。

《金瓶梅》第 52 回，西门庆等三人吃饭：“一碟十香瓜茄，一碟五方豆豉，一碟酱油浸的鲜花椒，一碟糖蒜；三碟儿蒜汁，一大碗猪肉卤，一张银汤匙，三双牙箸，摆放停当。”

这“牙箸”可是象牙的啊。大明早期，朝廷对象牙、犀角等舶来品的使用有严格的规定。但晚明社会奢靡，明初沉寂一时的器物赏玩之风在后期渐成鼎盛之态。用象牙箸是辨识身份的标志。

“箸”的诞生确实方便了本邦人民的饮食生活，但箸并不是一出现就是用来吃“饭”的。

《礼记·曲礼上》里解释：“羹之有菜者用梜，其无菜者不用梜。”也就是说，当时的筷子是用来夹取汤中的菜，而且要与勺子（匙）

分工使用。

那么，古人是怎么吃饭的呢？儒家经典《礼记·曲礼上》记载，所谓“饭黍毋以箸”“共饭不泽手”，是说当时的中原人用手抓饭吃，所以和别人共食器吃饭的时候就要特别注意手的洁净，不得揉搓手，“恐为人秽也”。

虽吃相有些不雅观，但用自造的“五齿耙”吃饭，一定很顺手很有趣很过瘾！

以这样的对饭局礼仪的讲究，筷子咱都发明出来了，用手吃饭的历史一定是一瞬。

亚洲近五十个国家，用筷子的占了一半，这全都是受到华夏文明深刻的影响。

（三）

筷子虽小，胡夷争效，这等细事太多了，实在是提不过来。

如今的福建闽语区，称筷子仍然是“箸”。而在明代前，筷子这个称呼是没有的。偏巧，《金瓶梅》赶上了时代巨变的当口，书中“筯”“箸”“筷儿”共用。

《金瓶梅》第67回，西门庆请温秀才、应伯爵吃早餐：“拿粥上来，四碟小菜：一碗顿烂蹄子，一碗黄芽韭炒驴肉，一碗鲊炒馄饨鸡，一碗炖烂鸽子雏儿；四瓯软稻粳米粥儿，安放四双牙筯……西门庆分付来安儿：‘再取一盏粥，一双筷儿，请你姐夫（陈经济）来吃粥。’”

一会说牙箸，一会说筷儿，真让后人眼花。

而第62回，李瓶儿吃饭："然后拿上粥来，一碟十香甜酱瓜茄，一碟蒸的黄霜霜乳饼，两盏粳米粥，一双小牙筷……"

这个"小牙筷"不同于一般的牙箸。现在出土的明代筷子多为18～26厘米长，最长的是31厘米。

这"小牙筷"应是西门庆家女士专用的象牙筷子。明清时期，大户人家使用筷子是很讲究的。筷子可分为女士筷、老年筷、儿童筷……《红楼梦》第40回，刘姥姥到大观园吃饭："拿起箸来，沉甸甸的，不伏手，原是凤姐和鸳鸯商议定了，单拿了一双老年四楞象牙镶金的筷子给刘姥姥。"

看看，这个就是老年专用筷儿。结果，没见过世面的刘姥姥"不伏手"——拿不习惯。

至于筷子为什么叫筷子，明代人自己也打口水战。

明代陆容《菽园杂记》提到，那时水上行舟之家讲究避讳，以吴中一带为甚，忌讳"翻""住"等字眼，于是称"幡布"为"抹布"，"箸"为"快儿"。

但是，明代吐槽大王李豫亨却另有说辞。他在《推篷寤语》中，认为船家将"箸"称为"快子"，并不是"箸"与"住"谐音，而是"箸"与"滞"谐音。"世有讳恶字而呼为美字者，如立箸讳滞，呼为快子。"船家取意行舟快如飞，久而久之"快子"便喊开了。由于"快子"多为竹制，就渐渐变成今天所说的"筷子"。

暴富，西门庆的赚钱头脑

自打咱古谚说了“马无夜草不肥，人无横财不富”，发横财就成了一部分人想暴富的梦想。问题是夜草、横财得有多少才够这么多人来寻觅呢?

传统社会士农工商，商为末流。偏偏，明晚期是中国古代社会的大转折时期，商业文化迅速崛起，商人阶层日益活跃，古人被压抑的商才开始释放，钱正渐渐成为社会一个潜在的轴心。

《金瓶梅》是本邦第一部写商人生活的长篇小说，但是，若一个商人的发家要靠女人实现，那这个商人的一生可能类似狗血剧情。

（一）

西门庆的家财，很多研究《金瓶梅》的专家都说是纳妾之财，靠女人上位，博得第一桶金。

《金瓶梅》里的第一高人吴神仙，在给西门庆占卜人生时，也说过他“一生多得妻财”，至于这是多大的财，没说！

不历三穷，何言三富？西门庆家也曾经历过风雨。《金瓶梅》第2回，西门家族“原是清河县一个破落户财主”，但随后又写“近来发迹有钱”。明显，这是时来运转了，钱随后便开始找上了西门庆。《金瓶梅》一书就是在这样的大背景下写起的。后来，西门庆又续了两房有点钱的寡妇，也算是门当户对。

富婆，不是谁都有条件能娶到的。西门庆是发迹有钱后，靠长相、阔绰的气场，才遇上两个小富女人——李瓶儿、孟玉楼。

首先，我们来看看李瓶儿的财富。

《金瓶梅》第14回，花子虚家打财产官司，李瓶儿求西门庆在京城找人情，西门庆说备两份礼给蔡太师与杨提督。李瓶儿便“搬出六十锭大元宝，共计三千两，教西门庆收去”。西门庆说得很诚恳：“只消一半足矣，何消用得许多！”其实，李瓶儿亦是想转移财产。便说：“奴床后边有四口描金箱柜，蟒衣玉带、帽顶绦环、提系条脱（带饰与首饰），值钱珍宝，玩好之物，亦发大官人替我收去。”

结果，趁着月黑风高夜，将东西翻墙搬入西门庆家。西门庆“连夜打点驮装停当”去送礼。按照西门庆的商业逻辑判断一千五百两足够，那剩下的银子应该还有不少啊！

第14回，花子虚安排酒席，要问西门庆剩下的银两下落。“依着西门庆，还要找过几百两银子与他凑买房子。倒是李瓶儿不肯。”暗地使人传话西门庆：“说银子上下打点都使没了。”

这李瓶儿已铁了心地要转移财产，这剩下的一千五百两银子便落入西门庆的囊中。至于李瓶儿的沉香水银等药材共值三百八十两。她自留一百八十两，其他与西门庆出资五百两盖了房。

这些几乎是李瓶儿这个富婆的全部资产。

李瓶儿死后，西门庆为她花了多少银子？《金瓶梅》里写得一清二楚：三百二十两银子买棺材，一百两银制孝衣等物，另支五百两银子吃用支出，加其他支出共得千两银子。

入门三年，李瓶儿之财怕是只剩了“一百颗西洋大珠、二两重的一对鸦青宝石”等器物。

这些宝贝没能变现，最后在乱世中让西门庆大老婆吴月娘给败了。

那么，孟玉楼的财产有多少呢？

《金瓶梅》第7回，媒婆说，玉楼的布商前夫给她留下“一份好钱”：南京拔步床就有两张，装的满满的衣箱有四五只，金银首饰不用说，手中的现银也有上千两，此外还有两三百筒细布。

细布是葛布的一种，可以卷入竹筒内。宋《太平寰宇记》载：“天细布，一号郁林布，比蜀黄润。古称云：筒中黄润，一端数金。”孟玉楼家的筒细布，应为这类高织精布。

媒婆薛嫂说了这么多，打动西门庆的却不是财产：“西门庆听见妇人会弹月琴，便可在他心上。”（第 7 回）。

但是，西门庆在娶孟玉楼，搬她的嫁妆时有些惨，为这些财产几乎与孟玉楼前夫杨家大打出手。第 7 回，众人“七手八脚，将妇人床帐、妆奁、箱笼，搬的搬，抬的抬，一阵风都搬去了”。独未写抢了这筒装细布。

古代媒人的说话很不准。薛媒婆对接两头，对两头都夸大了说。亲一成，她的买卖也就成了。

“南京拔步床”在当时确实很值钱，大概值六十两银子，衣服首饰应该是孟玉楼自己用的。

至于这“千两现银”，一是可能媒婆夸张；二是书中从未写交予西门庆手中，而且后来孟玉楼再嫁时，还带走了一张床。

（二）

西门庆一生“多得妻财”一说，其实不过是得了李瓶儿的小财。若仅凭这些资财，未免与山东首富的距离差了十万八千里。“多得妻财”想来只是笑笑生善谑的一笔，一个大的黑锅而已。

《金瓶梅》的伟大之处就在于它很辛辣地揭露了世态下的人性。书中写西门庆的商海生涯共约七年，从小康到山东首富，得积累下了多少财富？

《金瓶梅》第 79 回，西门庆临终嘱托后事，资产说得明白：“段子铺（与人合股）是五万银子本钱；绒线铺，本银六千五百两；绸绒铺，是五千两；李三、黄四身上，还欠本利钱六百五十两未算。段子铺占用银二万两，生药铺五千两；家里松江船上四千两。前边刘学官还少我二百两，华主簿欠我五十两，门外徐四铺内还本利欠我三百四十两，都有合同见在，上紧使人催去……”

西门至死不改商人本色，心里对钱财账目一丝不苟。人之将死，何暇自顾？

没有浸到血液里的商业本能，谁能有这样门儿清的头脑？不过话说回来，这何尝不是一个正常商人的财富焦虑？

这虽只是生意上积压的资金，在这笔账目中，西门庆没有欠过谁的钱，他敢说：“这清河县问声，我少谁家银子？”（第 43 回）虽是财大气粗，可也能从中看到其经商的风格。

西门家族其实一直坚持“现金为王”，拥有大量现银。第 78 回，曾经有人鼓动西门庆做国家古董生意，为宫廷收购古董，西门知自己是古董外行，但他说：“你量我拿不出这一二万两银子？”这说的可是现银。

因此，西门庆的财产，不算房产，总计白银约十二万两。

明万历年间财政年收入约二百万银。一个清河县的财政收入，也难抵西门家财。单靠纳两个妾就成了山东首富，怕他也没这个造化。

《韩非子·五蠹》中说：“鄙谚曰：‘长袖善舞，多钱善贾’，此言多资之易为工也。”资本是商业的生命，西门庆正是善于操纵资本的高手。

在这个人人善于钻营的社会，男人靠吃软饭成为一方首富的可能性几乎为零。

（三）

成功的商人总得有不寻常的眼光。世界上所有伟大的作品都不会脸谱化、模式化地去描写人性、揭示人性。

《金瓶梅》第16回，有几个川广客，有许多绸货，要科兑与西门家店铺，只要一百两银子押合同，其余八月中旬找完银子。伙计和主管都认为这买卖划得来。西门庆却说："你不知贼蛮奴才行市，连货物没处发脱，才来上门脱与人，迟半年三个月找银子；若快时，他就张致了。满清河县，除了我家铺子大，发货多，随问多少时，不怕他不来寻我。"

西门庆一针见血地指出：货物上市迟了，错过了行市就会滞销，竟然还来和我讲条件？家大业大就有大的气魄，有垄断清河县绸缎市场价格的底气，舍我其谁？

第77回，花大舅介绍笔生意："门外一客人有五百包无锡米，冻了河，紧等要卖了回家去。我想着姐夫倒好买下等价钱。"西门庆当即说："我平白要他做甚么！冻河还没人要，到开河船来了，越发价钱跌了。"

不是见着便宜就上，便宜往往可能是陷阱。西门庆能看到便宜的背后，这就是聪明商人的素质。

第49回，西门庆为让手中三万盐引变现，对主管的蔡御史（新任两淮巡盐御史）说：“去岁因舍亲那边在边，上纳过些粮草，坐派了有些盐引，正派在贵治扬州支盐。只是望乞到那里，青目青目，早些支放。”蔡御史当即办了。

商道即人道。投资人脉是西门庆独具的核心竞争力。许多文章都认为这是商官勾结。其实，西门庆当初投资蔡松原（只是九品校书）时，他是担负着巨大风险的。对刚刚步入官场的新人一下就奉上百两银子，谁人能有这样的大手笔？

西门家有一些银子，但是同时，这位商人也在考虑：如何让自己的银子更安全？西门庆大手笔的投资，也是出于对权力的渴望——这是种安全需要。

孙子曰：“善战者，求之于势，不责于人，故能择人而任势。”

为商也一样，择人而任势才是真正的善于商战。西门庆是善于以人为势，一旦找到能干的人，马上就委以重利，毫不拖泥带水。

《金瓶梅》第58回，他找到新伙计甘出身后和他“立了合同，就立伯爵作保。譬如得利十分为率：西门庆分五分，乔大户分三分，其馀韩道国、甘出身与崔本三分均分”。

韩伙计、甘伙计二人没投一分钱，却各占近百分之七的股权。在今天，近百分之七的股权可是天价。

就算是以管理入股，西门庆对高级员工实行的股权激励，这手笔也是忒大了。给员工百分之零点几的就是大善人了，若是给到百分之几，谁还有这样的气魄？

当西方人为自己搞出股权激励而在沾沾自喜时，他们不会知道四百年前中国山东省清河县的西门庆才是真正的鼻祖。

商人的取舍之间，不是做慈善，舍是艺术，这是商才！

当人们梦想的财富、权力，西门庆都有了时，这位世俗人眼中成功的首富，最后还是在与自己人性的较量中输了，在临终放不下的焦虑中咽气了……

漕运，浑浊欲望中的骗局

江南，藏着很多人的梦。这个梦，不是自古就有，而是在隋唐宋以后编织的。

从河图洛书起，文化便根植于中原。中原是正统所在，上古三代夏商周，秦汉几千年的历代王者均在此聚集。然而，晋永嘉之乱，北人南渡，后宋又南安，江南三秋桂子，十里荷香，偏偏成了许多人对中原的向往。而编织这个梦的纽带就是大运河。

蒸汽动力之前的时代，最便捷的运输方式就是水运。当时的漕运，就相当于现在的高铁。有这样的交通运输大动脉，江南粮食才能源源输入北方，直达北京积水潭，保障中枢的运转。

有明一代，河督与漕督是最厉害的封疆大吏。尽管两督无疆可治，也仍是最肥的差事。因为在漕运这件事上，朝廷最肯花钱、最易被蒙骗。

《金瓶梅》里的山东省原属落后地区，永乐九年（1411 年）疏浚会通河，山东纳入漕运网。山东临清成为仓储和转运重镇，山东也成为北方最大的粮食和纺织品贸易中心。

大运河浑浊的商业欲望，孕育了中国第一奇书——《金瓶梅》。

（一）

“尽道隋亡为此河，至今千里赖通波。”唐诗人皮日休的诗，虽是怀古，却道出了大运河的作用。

运河输送漕粮是维护皇室、边兵的命脉，这浑浊的河水里暗含的欲望，也在不断地浸透着商业。

明代的商业，如人性之复杂，有权力梦、金钱梦、女人梦……就如运河水静流下的强大力量，在束服中找到缺口，运河上形成“南有苏杭，北有临张”的格局，山东的临清城、张秋镇迅速崛起。当然，运河更承载着京师大量的物资供应。明代时的通州运河码头建有皇木厂作为仓储。

《金瓶梅》第 34 回，刘太监兄弟刘百户的庄子盖房，偷盗皇木被缉拿。拿一百两银子求西门庆了事。结果，只“打了家人刘三二十板子”，敷衍过去。

他们这是在运河上偷皇室的木材。万历晚期的《工部厂库须知》：大内司礼监差人到南京工部厂库调杉木板，“板枋六百块，至今每年仍旧起运”。每年分两次解运，由南京工部拨船运抵通州，都要经过山东运河临清一带转运。《金瓶梅》的主要地理位置正是江南到山东这段漕河地域。

西门庆生在清河，历史上清河县隶属河北，但河北清河距山东临清仅七十里。明代临清称“天下第一码头”，因而人口密集。

《金瓶梅》第92回，陈经济凑齐五百两银子前往临清贩布，小说首次正面描述此地：“这临清闸上，是个热闹繁华大马头去处，商贾往来，船只聚会之所，车辆辐辏之地，有三十二条花柳巷，七十二座管弦楼。”

临清是漕粮和纺织品运转中心，西门庆家的生意绢绸缎绒线布等均在此地。

清河县也临河，但距县城至少五十里。此河在隋代时称永济渠，宋曰御河，明称卫漕，就是书中的“清河口”，不是什么码头，但这条河却是临清的后花园。

《金瓶梅》第93回：“此去离城（清河）不远，临清马头上，有座晏公庙。那里鱼米之乡，舟船辐辏之地，钱粮极广，清幽潇洒。”

地处大运河中段交通要冲的临清鼎盛一时，明万历年间，有据可查的资料：有布店73家、缎店32家、杂货店65家、瓷器店20余家、纸店24家、辽东货大店13家、典当百余家，以及更多的无名的商铺。

运河与卫河在临清交汇，自会通河开通后，漕运带动这里兴盛，临清汇集七省漕粮，成为内陆通往京城咽喉。

临清繁华到什么程度？

“富商巨贾操重资而来市者，白银动以数万计”，富商巨贾所去的松江府华亭县（上海）朱泾，这样的钱商辐辏之地，竟然冠以“小临清”之号。这是江南对山东临清的仰慕。

（二）

明初本“重农抑商”。朱元璋曾言：“若有不务耕种，专事末作（商业），为游民。”甚至禁止商贾穿绸纱。然而，隆庆万历之年，社会巨变，奢靡之风盛行、官员贪腐、物欲横流，致使农业社会摇摆将倾。

此时，商业书籍如介绍贸易交通及商品行情的《一统路程图记》、指导租船雇车的《水陆路程》等经商指南大量售卖。

《金瓶梅》书中山东省各级官吏依商、傍商已是稀松平常，西门庆凭运河临清之便，想不当山东首富都难。第 59 回、第 60 回中，韩道国从湖州运回十大车缎货，“直卸到掌灯时分”，价值一万两银子；来保从杭州运回的货物“连行李共装二十大车”，应值二万两。

西门庆家的买卖越做越大，在江南纺织品贸易动辄巨万。

《金瓶梅》第 79 回，西门庆重病吩咐：“开了河，你早起身往下边接船去。接了来家，卖了银子，交进来。”

漕河是一条人工河，其运作同黄河洪涝、含沙及华北冰冻季密切相关。即使有这些自然条件限制，西门庆家以政府资源为依托，以雄厚资金和头脑为基础，依旧野蛮生长。

嘉靖时运河设七大钞关收税，在杭苏扬三州及淮安、临清、河西务、九江。临清钞关便是西门庆的势力范围。

“钞关”之名源于明代的一种税收制度——钞关税。至万历年间，临清钞关年征收船料商税银八万八千余两，居全国八大钞关之首，占全国课税额的四分之一。

《金瓶梅》第 59 回，韩道国从杭州购一万两银子缎绢抵临清。西门庆马上写信给钞关主管钱老爹，并附五十两银子：“过税之时，青目一二。”待回来，韩道国汇报：“小人把段箱两箱并一箱，三停（份）只报两停，都当茶叶、马牙香，柜上税过来了。通共十大车货，只纳三十五两五钱纱银子。老爹接了报单，也没差巡拦下来查点，就把车喝过来了。”

明晚期时，绢缎属于奢侈品，收重税率。即使按大明税赋“三十而税一”，一般的商品税率也能足足省下三百两银子。

（三）

漕粮是朝廷中枢的命脉。

“国之大事在漕，漕运之务在河。”若黄河洪涝，一旦泛滥改道或冲毁漕河，抑或泥沙淤塞漕河，致使漕运中断，国家中枢供粮就会受到威胁，那还了得！

大明是鲜少出高人的一个王朝，以明朝廷使用腐败短视的干部这种方法，高人都自享园林声色去了。一朝之重全在于漕，唯此为大，朝廷怎么会知道国之心腹大患在辽东建州女真。

所以，“国之务在河”这样的小见识，在明代甚嚣尘上。

大明为保粮道畅通，想尽了办法，一切措施均围绕控黄保漕展开。

明朝建都北京，都城皇宫营建所需物资、南粮北运等都因运河淤塞常陷于瘫痪。迫于此，治漕之法唯有建闸坝来调节。

15 世纪中叶开始，帝国为控制漕运分水水量，陆续在山东南旺分水口建造系列的节制闸，形成了全程水量节制的工程体系。

《金瓶梅》第 68 回，西门庆接待工部（水利 + 建设部）安郎中（司长）。安司长说："若非蔡老先生抬举（朝中有人才当此官），备员冬曹……一年以来，王事匆匆，不暇安迹。今又承命修理河道，当此民穷财尽之时，前者皇船载运花石，毁闸拆坝，所过倒悬，公私困弊之极。而今瓜州（漕河南入口）、南旺、沽头、鱼台、徐、沛、吕梁、安陵、济宁、宿迁、临清、新河一带，皆毁坏废圮，南河（古称黄河潼关下向东流段为南河）南徙，淤沙无水。八府之民，皆疲弊之甚……"

俺估计，安司长侃侃而谈时，西门庆一定陷入蒙圈之中。朝廷治漕河，干不识字的商人什么事？更何况，治河只为保漕粮啊。

瓜州、南旺、沽头、鱼台，皆运河枢纽。运河由于南北落差问题，由长江进入地势高的瓜州漕河，以前靠斜坡架绞盘人力拉船入漕，后来瓜州造了两个船闸，以闸调船。

万历二十四年（1596 年）秋，黄河突然南徙夺淮入海。漕河由于少了黄河水的供应，南段淤沙无水，运河断流。当大明皇帝将大把的银子投向漕河，全面禁海，一心经营内循环时，世界此刻正进入到一个大航海时代。

一个农业社会，若仅想靠封闭维持稳定，尚有一丝希望。但这样的形势下，明由农业社会向商业社会转型真的太难了！

难怪连朝廷命官都摇头叹息。《金瓶梅》第 68 回，安司长对治河治漕表示："大覃神输鬼没之才，亦无如之何矣！"

病入膏肓，神仙都没办法。可怜大明几百年的基业，在这等叹息中一天天倾颓。

下跪，明朝人的跪拜礼节

天下阴阳变幻，无非治乱之间。鲁迅先生将中国数千年升平与动荡总结为：做稳了奴隶与做奴隶而不得的时代。

鲁迅眼中的河清海晏不过是适应新规矩：怎样服役，怎样纳粮，怎样磕头，怎样颂圣。

身在底层的老百姓，服役纳粮，几千年未变。只是怎样磕头这件事，一朝有一朝的规矩。

一说磕头，就有人说：古人生来命贱，元代前君臣并无跪礼，跪礼是蒙古人带进来的。并说，文天祥被俘，见忽必烈长揖不跪，是最后一个站着的中国人云云。

跪拜是中国的古礼，老百姓跪天地跪父母，早就习惯了。后来儒家子孙硬是加入君、师的概念，弄成了等级伦理。

明代奇书《金瓶梅》中，行跪拜礼的描写多如牛毛。

（一）

老百姓间的跪拜似乎与荣辱尊卑完全不搭界。人们沉沦在跪拜礼仪下，却常常忽略人性的轨迹。

《金瓶梅》第1回，武二郎初见嫂子潘金莲“倒身下拜。妇人扶住武松道：‘叔叔请起，折杀奴家。’武松道：‘嫂嫂受礼。’两个相让了一回，都平磕了头，起来。”

跪礼、磕头，在平民之间就是至尊、至敬而行的大礼。这种下跪磕头的礼节，在级别上比作揖高很多。

明代时，人初次正式见面，若是平辈人，要表达自己至上的尊重，一般来说是行磕头礼的。受礼者要回礼，一般摆下拜毡“平磕头”，即两个人对面磕头。

这“平磕头”，是小叔子武松对嫂子表达的尊重。

可谁能想到，武二郎这一跪一磕，磕乱了这个潘金莲的心门。原已要安心与武大郎过日子的潘金莲，自此春心荡漾，淫情难收。

这种两人平磕头的日常大礼，在《金瓶梅》书中多处着笔。第72回，西门庆到情人林太太家，为其补生日礼。“一面将身施礼：‘请太太转上。’林氏道：‘大人是客，请转上。’让了半日，两个人平磕头。”

礼的精神，是约束，是礼敬，但不是强迫。无论跪拜与否，都具有古代贵族风度。

《金瓶梅》第 78 回，西门庆大舅子哥吴铠，走他的门路，刚升职为屯田指挥佥事来见西门庆，说：“今日敬来与姐夫磕个头儿，恕我迟慢之罪。”说着，磕下头去。西门庆慌忙顶头相还。

人与人的跪拜并不都是这样互敬互重的，跪拜礼一定要归结到等级、身份，要不然还有什么意义？

待到西门庆与潘金莲奸情一出，毒杀武大郎，武松报仇心切，误杀县政府干部，便能见到平民之跪，是乞求，是无助。《金瓶梅》第 10 回，府尹看了案报，问武松：“你如何打死这李外传？”那武松只是朝上磕头，告道：“青天老爷，小的到案下得见天日。容小的说，小的敢说。”

这哪有什么堂堂汉子？哪有什么搏虎英雄的样子？这就是无助的可怜人儿。

柴米油盐的平淡中，平民不会有此等体验：一旦触碰权势头角，叫天天不应，便会由衷地喟叹：命如草芥！

（二）

一样是天下父母养的，布衣亦非生为蝼蚁。

在统治了近八百年的周代，跪拜礼已经相当完善。《周礼·春官》中跪礼的稽首、顿首、空首等九种磕头方式，非常琐碎。但礼仅行于贵族官宦间，这叫“礼不下庶人”。

那时尚无椅凳，古人都是席地而坐，行起礼来还算方便。唐宋以后，廷庙基本上不用跪礼。但明代时，跪礼复盛，跪逐渐演化成等级、手段、阶梯、场面……

《金瓶梅》第 65 回，钦差黄太尉到山东视察，“人马过东平府，进清河县，县官黑压压跪于道傍迎接，左右喝叱起去”。第 70 回，朱太尉新晋官爵，众官到宅祝贺，朱回来时，“官吏等人，黑压压一群，跪在街前”。

这是跪迎，还有跪见、跪听、跪禀、跪受……花样百出，成为官场规矩。

跪禀是明代地方衙门很常见的汇报请示工作的方式。《金瓶梅》第 72 回，西门庆升为千户正职，衙门令史和节级来家禀事。西门庆厅上站立，二人跪下：“请问老爹，几时上任？官司公用银两动支多少？”

而地方官进京汇报，礼节更为隆重。《金瓶梅》第 69 回，西门庆赴京述职，与何千户拜见锦衣卫一把手朱太尉。“朱太尉身着大红，在上面坐着。须臾叫到根前，二人应诺升阶，到滴水檐前，躬身参谒，四拜（手至地俯头至手叫拜）一跪，听发放。”

大明初建时，“惩败元之弊”：“洪武三年（1370 年）定制，朔望日（农历每月初一、十五），帝皮弁服御奉天殿，百官朝服于丹墀东西……鞠躬，称‘圣躬万福’。”

十三年后（1383 年），皇权日重，朱元璋觉得鞠躬不过瘾，老子是皇帝，百官要行叩头礼：“常朝官一拜三叩头，乐止，复班。……谢恩见辞官于奉天门外，五拜三叩头毕，驾兴。”（《明史·礼志》）

《金瓶梅》第 71 回，西门庆进京见圣，这是三年一朝觐。“当下驾坐宝位，静鞭响罢，文武百官，九卿四相，秉简当胸，向丹墀五拜三叩头（长跪，两手及地，俯首至手五次，叩头至地三次，然后起身）礼，进上表章。”

明初遣使至藩国安南（越南）时，该国王对香案及诏书就行五拜礼，并跪香案前，三上香，俯伏，也是行五拜三叩礼。

（三）

大明所行的跪礼，充斥着崇拜、马屁、腐败、谄媚，构建起外强中干的气象。

君臣如此，大家庭也不例外。奴才跪主子，罚跪那是家常便饭。

《金瓶梅》第 28 回，潘金莲鞋丢了，让丫头秋菊去找，没找到。潘金莲骂：“奴才，快与我跪着去！”吩咐春梅：“拿块石头与她顶着。”第 21 回：“西门妻妾花园赏雪。李娇儿把盏，孟玉楼执壶，潘金莲捧菜，李瓶儿陪跪，头一钟先递了与西门庆，西门庆接酒在手，笑道：‘我儿，多有起动，孝顺我老人家，长礼儿罢。’那潘金莲嘴快，插口道：‘好老气的孩儿！谁这里替你磕头哩！俺每磕着你你站着，羊角葱靠南墙——越发老辣已定。还不跪下哩，也折你的万年草料。若不是大姐姐带挈你，俺每今日与你磕头！’”

小妾向主子敬酒，要下跪磕头，而认干爹义父更是要行大礼的。

《金瓶梅》第 55 回，“虎皮太师交椅上，坐一个大猩红蟒衣的，是太师了……西门庆朝上拜了四拜，蔡太师也起身，就绒单上回了个礼。这是初相见了。落后翟管家走近蔡太师耳边，暗暗说了几句话下来。西门庆理会的是那话了，又朝上拜四拜，蔡太师便不答礼。这四拜是认干爷（爹）了。”

按明代的常礼，西门庆以五品之职，以跪叩参见蔡太师一品官，可深揖或一拜，蔡一般不须回礼。但西门庆是四拜大礼，并送上了重礼，蔡才回了跪拜礼。

《金瓶梅》第 72 回，西门庆的情人林太太让儿子王三官认西门为义父，“当下教西门庆转上，王三官把盏，递了三钟酒，受其四拜之礼”。

明代跪礼以四拜为尊，《明史·礼志》：洪武九年（1376 年）定大祀拜礼：迎神四拜，饮福受胙四拜，送神四拜。清代则以三为节，三跪九拜、三跪九叩是其礼之大者。

凡遇叩拜日常大礼，《金瓶梅》书均写为磕四个头。第 74 回，金莲与如意儿吵嘴后，西门庆让如意儿向金莲赔礼。她见潘金莲说：“爹教我来与娘磕头。”于是向前磕了四个头。

这在明代《西游记》亦可见到。第 14 回，唐僧救出五行山下压了五百年的孙悟空：“悟空到三藏马前跪下说：‘师父，我出来也。’对三藏拜了四拜，急起身，与伯钦唱个大喏。”

孙悟空四拜是磕四个头，至尊。这是再造之恩。对伯钦深揖，是致谢。

明末顾炎武在《日知录》中说：“礼至末世而繁，自唐以下，即有四拜。今人书状动称百拜何也？”

大明孤臣孽子没看懂？清《瞑庵杂识》记：乾隆等三朝不倒翁曹振镛，“晚年，恩遇益隆，身名俱泰。门生请其故，曹曰：‘无他，但多磕头，少说话耳’”。

跪拜如戏，跪在演技。这成了官场生存哲学。

千年不衰的跪拜礼，在1912年，以法律形式正式废除。从此，不必再跪了。

1927年6月2日，一个老人奋身一跃，沉水北京昆明湖。他就是国学大师王国维。

追悼会上，当一大票知名学者三鞠躬道别的当口，一位清瘦的长衫学者步入灵堂，在灵前匍匐于地，行叩拜大礼，此人便是国学大师陈寅恪。

这是一代宗师存世的最后古风，无关乎守旧、奴婢。

官报，西门庆认为挺靠谱的

当下，宅男宅女日渐增多，这是互联网影响之下导致的一个结果。古代也一样，宅男宅女，极少出过家门的大有人在。而古代的“宅”却是因为出行不便、礼教使然。

《金瓶梅》中的女人们，除了在元宵节走百病，或者清明上坟时能放放风，平时几乎不出门。

西门庆虽挂名山东首富，到死也就去过两次东京——在那个时代，出趟门忒费劲了。但是，西门庆有个极为重要社会信息来源——大明朝的“中央日报”——《邸报》。

翻阅明代的史料，如西门庆这般重视官办报纸的人寥寥无几。

（一）

明末乱世，出了“三大儒”：顾炎武、黄宗羲与王夫之。

顾炎武在讲到修明史时，说：“当局（指清政府）……求藏书于四方……窃意此番纂述，止可以邸报为本。”清朝廷以明代的官办报纸为写史蓝本，这对报纸的重视可不一般哦。

而黄宗羲简直是报纸收藏家，收藏了十几年的《邸报》。王夫之也很重视官办《邸报》。在清朝光绪年间，这三个大儒士的灵位全配置孔庙，享祀百年。

瞧瞧，高看大明《邸报》的都是什么人？都是后世冠以“家”为称号的人物。那西门庆重视到了什么程度呢？

《金瓶梅》第 17 回，西门庆亲家的靠山，也是西门庆的靠山杨戬被其他官员弹劾，亲家已从东京捎来书信讲了此事。他仍然需要确切消息证实此事，并判断形势：“叫了吴主管来，与了他五两银子，教他连夜往县中孔目房里，抄录一张东京行下来的文书邸报。”

五两银子可是大价钱，当时可以买来一个丫头，而且县长的月工资才四两银子。

要求“连夜抄回邸报”，这是什么态度？这是对首富事业及自己高度负责任的态度！西门庆就是这么个认真又任性的主儿。

当他看到邸报上写着“王黼、杨戬便拿送三法司，会问明白来说”，依圣旨“律应处斩”，“手下坏事家人、书办、官掾、亲党，董升、卢虎、杨盛、庞宣、韩宗仁、陈洪、黄玉、贾廉、刘盛、赵弘道等，查出有名人犯，俱问拟枷号一个月，满日发边卫充军”。这里的陈洪就是他女婿陈经济之父、他的亲家。

于是，一场钱权交易的危机公关悄然展开，入京打点，巨额行贿，西门大官人摆平了危险。

“邸报”又称“邸钞”“抄报”“官报”“朝报”，这个称呼于宋代出现。因一概都是手写传抄，官方叫“誊报天下”（《宋史·职官志》）。

大明朝上下信息汇总机构是通政司，其附属都察院的六科（瞧这名字，比锦衣卫都神秘）主持刊发邸报，内容包括诏令、奏章、皇室动态和官吏升迁等。通政司专门接收各地报上来的军政情况、百姓举报信息，并且兼接报站职能。

明孝宗时曾任浙江参政的陆容，在其《菽园杂记》中说：“（邸报）出纳王命，为朝廷之喉舌；宣传下情，广朝廷之聪明。”

大字不识几个的西门庆想来也是在冥冥之中感觉到大明《邸报》里的“王命”“喉舌”之重大，才非它不看的?

和唐宋相比，明朝《邸报》的“新闻检查”大权，已经由中书省、枢密院提升到皇帝本人，这是真正的“中央日报”。

在《金瓶梅》刚刚拉开序幕，西门庆在第一次遭遇的个人危机处理中，表现出高度的政治敏锐性和首富潜质。

（二）

西门庆虽不读书，可却凭着天生的政治敏感、高度的责任感，一次次让自己化险为夷，一直到《金瓶梅》第48回，一路官商结合，顺风顺水的西门庆，又听说告他的举报信上了东京。西门庆大惊失色，急拿过《邸报》来灯下观看。

这是巡按山东监察御史曾孝序写的："参劾贪肆不职武官……臣自去岁奉命，巡按山东齐鲁之邦，一年将满，历访方面有司，文武官员贤否……参照山东提刑所掌刑金吾卫正千户夏延龄，阘茸之材，贪鄙之行，久于物议，有玷班行。昔者典牧皇畿，大肆科扰，被属官阴发其私；今省理山东刑狱，复著狼贪，为同僚之箝制。纵子承恩，冒籍武举，倩（求）人代考，而士风扫地矣；信家人夏寿，监索班钱，被军腾詈，而政事不可知乎？接物则奴颜婢膝，时人有'丫头'之称；问事则依违两可，群下有'木偶'之诮。理刑副千户西门庆，本系市井棍徒，夤缘升职，滥冒武功，菽麦不知，一丁不识。纵妻妾嬉游街巷，而帷薄为之不清；携乐妇而酣饮市楼，官箴为之有玷。至于包养韩氏之妇，恣其欢淫，而行检不修；受苗青夜赂之金，曲为掩饰，而赃迹显著。此二臣者，皆贪鄙不职，久乖清议，一刻不可居任者也。伏望圣明垂听，敕下该部，再加详查。"西门庆看了一遍，被唬得默默不言。

这两个地方官吏，一个是夏提刑夏龙溪大人：儿子考试请人替考、纵容家人夏寿在案件上收贿、得钱，法网大开；一个是副职西门庆：大字不识几个，包养情妇、妓女色情陪侍，收苗青巨额贿赂，包庇杀人犯——这次的罪名比上次大多了。

上一次，西门庆最多算是一个从犯的帮凶党羽，而这一次，西门庆怕是死罪难逃。

这次的实名调查报告内容翔实准确，全都铁证如山。西门庆是摊上大事了。

西门庆家凡遇大事，必先看《邸报》，这是天生敏感。实际上，朝廷喉舌的《邸报》发什么不发什么，真是事关中枢。

清代的邸报制度，承袭明代。《东华录》记：雍正二年（1724 年）七月初，江南提督上奏，道是当地原先闹蝗灾，后来飞来乌鸦，把蝗虫吃光，现在丰收无虞。拍马屁的大学士张鹏翮等人建议将奏折登载在抄报上，并宣付史馆，彰显皇上“嘉瑞”。

雍正皇帝御笔一挥批道：“若鸦食蝗为嘉瑞，那么蝗虫初起又该怎比附呢？”

这话是很有见地的。国之喉舌，岂可任言？若不控制住舆论，会乱了人心，乱了意识形态。以明清的邸报制度，一旦登上了《邸报》，纵使有天大的本事，也难翻案了。

那么，西门庆如何化解掉这么大的危机呢？

（三）

其实，明代传媒形式分为官方与民间两种。官方报纸叫《邸报》，而民间的叫《报帖》。

民间“报行”一如豆腐行、箍桶行、泥塑行等三十一行一样（统称三十二行），属民营，享受国家免税保护。

西门庆遇这么大的事，自然坚信官办报纸——这才是最权威、最可信赖的消息源啊。别处流传的不靠谱！

《金瓶梅》第48回，西门庆命来保上京行贿蔡太师完毕。来保回家汇报：随监察御史的报告上参得多严重，蔡太师大管家翟爹说了：只批该部知道，并且吩咐兵部余尚书，只把这个报告只立案不上覆，“随他有拨天关本事，也无妨”。

这个举报先到兵部，那边跟部长打了招呼：把报告就地压下，这样举报了也没用。西门庆听了，才将心放下。

来保说，又打听得两桩好事来，“陕西等三边开引种盐，各府州郡县，设立义仓，官粜粮米。令民间上上之户，赴仓上米，讨仓钞，派给盐引支盐。旧仓钞七分，新仓钞三分。咱旧时和乔亲家爹，高阳关上纳的那三万粮仓钞，派三万盐引，户部坐派。到如趁着蔡老爹巡盐下场，支种了罢，倒有好些利息。”（《金瓶梅》第48回）

西门庆听言问道：“真个有此事？”来保道：“小的抄了个邸报在此。”与西门庆观看。

天理何在啊！西门庆平了这桩包庇杀人贪赃的大事，还顺路发了财，这是什么世道？

而第70回，西门庆由副千户晋正千户，与其大舅哥吴铠升任“指挥佥事，见任管屯”，最终消息来源都是看《邸报》。《邸报》消息：大明朝山东省“贴刑副千户西门庆，才干有为，英伟素著，家称殷实而在任不贪，国事克勤而台工有绩，翌神运而分毫不索，司法令而齐民果仰，宜加转正，以掌刑名者也”。

一个夺人妻的杀人主谋、包庇杀人犯的贪官、包养情妇的腐败分子，在《邸报》的报道中，成了廉洁奉公、人皆爱戴、最该提拔的典型！

瞧瞧大明朝《邸报》上那霸道的态度、独断的语气，更何况那还是圣上的旨意，“真理”的化身！

银子，明朝人怎么携带

“腰缠十万贯，骑鹤下扬州。”扬州一梦，十里春风，多少人想在此温柔乡一掷千金。那么，问题来了：古代人将钱放在腰间，是怎么放的?

查遍了网上的信息，不是不靠谱，就是没说清。史书里也没写，该怎样把钱往腰间揣，自己想办法解决吧！……

明代《西游记》里写了一个腰间缠钱的办法，可以一试。第89回：“二十两银子，着一条搭包儿打在腰间裙带上。”

呵呵，不过是将银子装在条形包中，系到腰间。上厕所都不用解下来，外面衣裳一盖，安全啊！

不过，这种带银子的方式，在明代《金瓶梅》中的西门庆老板看来：土包子一个，最多也就算是个现金会计。

“腰缠十万贯”显然是平民想出来的豪奢梦，从带钱的方式上就露了马脚。

（一）

那么，明代人付款时，从哪儿拿钱？难道是钱包吗？

告诉你，与今天一样，还真是“钱包”。只不过，这个“钱包”在大明朝，不叫钱包，而是叫茄袋、顺袋、银包儿。茄袋是钱袋的形状，像茄子一样下大上小；顺袋，也是方便的别称。

茄袋如同荷包一样是用带子系在腰间，位于长袍子的里面，从外面是看不见的，一般是有身份的人才戴的。

《金瓶梅》第3回：“西门庆道：‘小人也见不到这里。有银子在此。’便向茄袋里取出来，约有一两一块，递与王婆，交备办酒食。”第19回：西门庆“在马上搂起衣底，顺袋中还有四五两碎银子”。从“搂起衣底”这个细节可以看出，顺袋显然是放在外衣的里面。

西门庆的钱包里从来不带零钱，而且，他的钱包有时叫作茄袋、顺袋，有时也叫“银包儿”。第23回，宋蕙莲向西门庆要钱买首饰。西门庆道：“我茄袋内还有一二两，你拿去。”第15回：“西门庆起来，分付收了他瓜子儿，打开银包儿，捏一两一块银子，掠在地下。于春儿接了。”

万历时，一钱银子是一个人一天的工资。看西门庆这嘚瑟劲儿，给下人赏钱都是用扔的。

但别以为钱包只有男人才戴，女人也一样，至少西门庆家的女眷都是戴着这样的钱包。

《金瓶梅》第 23 回："妇人（宋蕙莲）便向腰间葫芦儿顺代里，取出三四分银子来，递与玳安道：'累你替我拿大碗烫两个合汁来我吃……'"

注意，宋蕙莲的钱包不是茄袋，而是葫芦形状的女包，也系在腰间。后面第 78 回，写吴月娘的钱包是"紫遍地金八条穗子的荷包"。

这个宋蕙莲虽说是仆人，可搭上西门庆后，穿着打扮，基本向老板通房大丫鬟标准看齐。她拿腔作调花钱大方的浪劲儿，最让潘金莲忌恨。

《金瓶梅》第 23 回，（宋蕙莲）叫傅大郎："我拜你拜，替我门首看着买粉的。"那傅伙计老成，便精心儿替她门首看着，等买胭粉的过来，妇人买了两对鬓花大翠、两方紫绫闪色销金汗巾儿，共七钱五分银子。"妇人向腰里摸出半侧银子儿来，央及贲四替他凿，称七钱五分与他……别的还塞在腰里。"

许多时候，写古人将钱塞在腰里，只是种简略的说法，给咱后人留下多少困惑……

小结：

明代钱包的叫法：顺袋、茄袋、荷包、银包儿。

佩戴位置：悬系于腰间、裙侧。

形状：直形、茄形、葫芦形等。

女式钱包：花色更多，带着穗子装饰。

（二）

有人可能会问：古人的衣袖是怎么回事？常见古装影视剧从衣袖里掏银子啊！

的确，古代人的衣袖中是有衣袋的，叫作袖袋，但绝不是所有的衣服都有衣袋，而是那种宽袖衣的袖子里才有。想从窄小的袖子里摸钱？连手都伸不进去。

《金瓶梅》第 4 回："西门庆便向袖中取出一锭十两银子来，递与王婆。"第 15 回："西门庆向袖中掏出三两银子来递与桂卿：'大节间，我请众朋友。'"桂卿不肯接，递与老妈。在《金瓶梅》一书中，十两银子是从衣袖里拿的最大面值。

古代衣服的袖子通常是宽宽大大的，里面还有内衣，在内衣袖子的内侧缝制一个口袋，袋口朝斜上方，只固定袋口，袋底不固定。盛物后，无论胳膊怎样动，口袋自然下垂，东西不掉出来。

这个是比顺袋、茄袋更贴身的口袋，所以，往里边放的是更贴心的轻东西，放钱那也只是顺便。但是，这可绝不是古人的钱包啊！若在衣袖的口袋里放不少银子，非把口袋坠开了不可。

我们看看西门庆的袖袋装了些什么。《金瓶梅》第 11 回，西门庆"便向袖中取出汗巾连挑牙与香茶盒儿，递与桂姐"。第 59 回："（西门庆）袖中取出一包香茶桂花饼儿递与他。那月儿不信，还伸手往他这边袖子里掏，又掏出个紫绉纱汗巾儿，上拴着一副拣金挑牙儿，拿在手中观看，甚是可爱。"

这袖袋与顺袋的区别是极其微妙的，袖袋的感觉是更贴身，更具安全感。

《金瓶梅》第 12 回，“西门庆拿剪刀，按妇人当顶上齐臻臻剪下一大柳来，用纸包放在顺袋内。”等西门庆到了妓院，桂姐便问：“你剪的他（潘金莲）头发在那里？”西门庆“便向茄袋内取出，递与桂姐。打开观看，果然黑油也一般好头发，就收在袖中”。

西门庆把潘金莲的头发放入顺袋（后来写的是茄袋），桂姐要用这头发自然觉得很重要，所以，她是放在袖中。

这样的微妙，在第 79 回时再现：“王六儿送来了礼物。西门庆打开纸包儿，却是老婆（王六儿）剪下的一缕黑臻臻光油油的青丝，用五色绒缠就的一个同心结托儿，用两根锦带儿拴着，做的十分细巧工夫；那一件是两个口的鸳鸯紫遍地金顺袋儿，里边盛着瓜穰儿。西门庆观玩良久，满心欢喜，遂把顺袋放在书厨房内，锦托褪于袖中。”

小结：

袖袋，不是钱包，只放贴身物品。

可放一些银两，但数量有限。

袖袋与顺袋皆贴身之物，袖袋更贴心。

影视中动辄从袖中掏钱，毫无依据！

（三）

前面说了，袖袋与钱包都是贴身之物，大小有限，放不了多少钱。

更何况，大明中期以后，银子成为生活中的主要流通货币，形成了以白银为主、铜钱为铺的货币流通制度。

虽说明太祖朱元璋于洪武八年（1375 年）发行“大明通行宝钞”，但是由于措施不当，纸钞不断贬值，到明中期时已名存实亡。

万历年间，首辅张居正施行“一条鞭法”的改革，税收力役都要折算为白银缴纳。白银更是大行其道。

古装剧中，让土豪腰缠上百两银子，分明要累死他们！这想象力，真难为编剧导演了！

其实，顺袋装不下几十两甚至十几两银子，在明代还有更大的包叫书袋、直袋。这种包虽然能装很多银两，但不是由老板背着——没几个仆人跟着背包，还出来混啥？丢人！

《金瓶梅》第 31 回，西门庆家新来了仆人。“改换了名字，叫做书童儿。与他做了一身衣服，新靴新帽。不教他跟马，教他专管书房收礼帖，拿花园门钥匙。祝日念又举保了一个十四岁小厮来答应，亦改名棋童，每日派定和琴童儿两个背书袋、夹拜帖匣，跟马。”第 11 回，“西门庆呼玳安书袋内取两封赏赐，每人二钱”。

这书袋可不光是装银两，还装书札啊。这看是小包的银子，可架不住多。

也是第 11 回，西门庆要梳笼桂姐，那院中老鸨精明，早已看破了八九分。她姐桂卿在旁吹风：“我家桂姐，从小儿养得娇，自来生得腼腆，不肯对人胡乱便唱。”“于是西门庆便叫玳安小厮，书袋内取出五两一锭银子来，放在桌上，”说道：“这些不当甚么，权与桂姐为脂粉之需，改日另送几套织金衣服。”

这钱不少了，明代妓女包月费用一般 20 ~ 30 两，县长年薪才 40 两银子。

第 68 回，“西门庆起身。一面令玳安向书袋内取出大小十一包赏赐来，四个妓女每人三钱，叫上厨役赏了五钱，吴惠、郑奉、郑春每人三钱，攛掇打茶的每人二钱，丫头桃花儿也与了他三钱。”

小结：

书袋，可装银子，放杂物亦可。

书袋或直袋要比顺袋之类大得多。

用书袋装的赏钱，多赏下人。

（四）

那么，在大明朝用来装银子、拿银子，最高级的是啥？

拜匣——捧着拿来，恭敬至极、顶礼至极。

《金瓶梅》第 1 回：“只见一个才留头（15 岁）的小厮，手里拿着个描金退光拜匣，走将进来，向西门庆磕了一个头儿，立起来站在旁边说道：‘俺是花家，俺爹多拜上西门爹。……特使小的先送这些分资来。’”

西门庆拿起封袋一看，签上写着“分资一两”。

有钱人的排场就是气场，一两银子让下人这么捧着拜匣拿过来，要的就是这个谱儿。

当然，西门庆也一样。

从拜匣里拿出的银子，让人感觉都变重了。第57回：“西门庆听罢了薛姑子的话头，不觉心上打动了一片善念，就叫玳安取出拜匣，把汗巾上的小匙铜儿开了，取出一封银子，准准三十两足色松纹，便交付薛姑子与那王姑子：‘即便同去随分那里经坊，与我印下五千卷经。’”

在明代，拜匣本来是装拜帖的名片盒。可大明晚期的腐败严重，使拜匣成为上层社会送礼的钱盒子。第55回，西门庆“叫玳安封下许多赏封，做一拜匣盛了，跟随着四个小厮，复乘轿望太师府来”。

这个拜匣里封的银子不是给太师送礼的，而是赏太师府仆人的，至于西门庆远赴东京送的大礼用的是牛皮匣。

牛皮匣是明朝官员用于盛放文件银子等物的一种拱顶鼓腹的朱漆便携式官用皮匣。西门庆最讲究器物与场合搭配。谒太师府，这样的官用皮匣最合适。

《金瓶梅》第56回：“西门庆便叫书童：‘去对你大娘说，皮匣内一包碎银取了出来。’书童应诺去了。不一时，取了一包银子出来，递与西门庆。西门庆说：‘这一包碎银，是那日东京太师府赏封剩下的十二两。’”

这种皮匣是用生牛皮蒙在木模上用皮条线缝制，牛皮干硬后取出模型多次髹漆而成，轻便防雨易携带。明代长途运军饷，用的就是这种皮具。两个搭在牲口背上，绝对不会造成硌伤。

当然，能放银子的东西多了，只要你能想到。比如，食盒，李瓶儿的三千两银子就是用食盒抬到西门家的。

钱包是一个时代的时尚，每种时尚都有各自的传承和变化。但归根结底，钱这东西放哪儿，还是你自己说了算。

肤白，几千年来的审美一直没有疲劳过

身为中国人，许多价值体系古人早就给想好了，比如，审美这件事儿。

国人对女性的审美，早在三千年前，就有了一套完备的考评体系。

《诗经·卫风·硕人》：“手如柔荑，肤如凝脂，领如蝤蛴，齿如瓠犀，螓首蛾眉，巧笑倩兮。”

手、肤、领（颈）、齿、眉、态，这说得够全了。而几百年后的《庄子·逍遥游》中说美人“肌肤若冰雪，淖约若处子……”

有没有发现国人审视美人的共性？——肤白！

（一）

所谓“天生丽质”，也就是说肤白不白，那是爹妈给的，你决定不了。可是，这是咱国人的喜爱。

华夏民族的坚持不懈令人感叹：国人对女性肤白的审美，也不是一两年了，几千年来一直就没疲劳过。

俺以前一直以为崇尚白色是唐代那些色鬼诗人的阴谋，因为中晚唐女人兴低胸装，诗人写美女尽用了“雪”字。诗人施肩吾的“长留白雪占胸前”；方干的“常恐胸前春雪释”；李群玉的“胸前瑞雪灯斜照，眼底桃花酒半醺”……那年月，皮肤黑一点的女士，真的没法儿在文化、艺术、仕宦这类主流品种中混。

喜欢肤白，不是罪过，诗人喜欢肤尽雪，西门庆这个开生药铺的商人也一样。

《金瓶梅》中的李瓶儿，就是因肤白，吸引了西门庆。第13回，西门庆到花子虚家，不留神与花妻李瓶儿撞了个满怀，看她“生的甚是白净，五短身材，瓜子面皮，生的细弯弯两道眉儿。不觉魂飞天外”。

然而，按说，李瓶儿的“五短”身材不是优势，可这是西门庆的偏好，并且吴月娘、孙雪娥都是这种“五短”身材。

个头不高不要紧，关键得皮肤白净。《金瓶梅》第22回，来旺的媳妇宋蕙莲：“小金莲两岁，今年二十四岁了。生的黄白净面，身子儿不肥不瘦，模样儿不短不长，比金莲脚还小些儿……”

潘金莲虽然也是弯弯两道柳叶眉，可是在肤色上，显然不如李瓶儿那么白。

大明那会儿，如果女性想让自己的肤色变白，大多靠粉饰，一定得在涂脂抹粉上用心，让自己的脸白白的。

《金瓶梅》第40回，潘金莲将自己“搽的脸雪白，抹的嘴唇鲜红”，假装是新买来的填房丫头来示爱。

当然，潘金莲小姐对肤色的自卑，那也是有别的女人比着。

她常暗暗施用护肤品增白，为的就是同李瓶儿争宠，当然，这追求肤白也是古代女子的普遍的心态。直到现在，女人依然如此。

（二）

“人面桃花还须粉黛妆”——“增白剂”是女性必须要用的，要不然怎么会有“粉雕玉琢”这个词？

中国历来以白为美的取向，也开启了中国盛况空前的化妆品行业。这个行业的产业链条上，自然也少不得粉。古代女人的妆粉有两种，一为米粉，以米为粉；一为铅粉，又称胡粉。

人们以为胡粉是西域的，但其实是国货。汉代刘熙《释名·释首饰》解释：“胡粉：胡，糊也，脂合以涂面也。”晋代崔豹《古今注》考证：“纣烧铅为粉，曰胡粉，又名铅粉。”这铅粉是商纣王发明的。

这胡粉不是一般人能用的。敦煌藏经洞吐蕃时期（781—848年）遗书记载：粟特商人康秀华向寺院施舍银盘子三枚三十五两，麦一百硕、粟五十硕，以及相当于三百石麦的四斤胡粉。

一两胡粉相当于四五个人一年的口粮，这算是高级奢侈品。

可是到了明代，粉成了女性最常用的化妆品，价格也不再高不可攀。

明代女人用粉，还大量散售。第23回，宋蕙莲说："里边五娘、六娘使我要买搽的粉，你如何说拿秤称？三斤胭脂二斤粉。"

这一买就是三斤，明代的一斤可是十六两啊。

当然，女人们更喜欢自己动手制粉，满足自己的特殊需求。当时流行一种调粉的方法，宋诩在《竹屿山房·杂部》中提到"鸡子粉"："今熬制熟鹅膏，和合香油，和粉匀面，发光泽而馨。"先将熟鹅膏与香油混合均匀，再用这种油性的面脂来调粉。粉与油混合之后，把粉敷在脸上，会显得更加滋润和有光泽。

《金瓶梅》第29回："……（潘金莲）就暗暗将茉莉花蕊儿搅酥油定粉，把身上都搽遍了。搽的白腻光滑，异香可掬……"

"定粉"是明代河北省生产的女性品牌妆粉，当时与"杭州粉"齐名。

古代大户人家的女人，出门（自家院里）多化妆。盖妆为礼，妆为容，妆为宠。

《金瓶梅》里主要的几个女性每到院内必盛妆。第27回：潘金莲、李瓶儿到花园玩，"惟金莲不戴冠，拖着一窝子杭州攒，翠云子网儿，露着四鬓，上粘着飞金，粉面，额上贴着三个翠面花儿。"这还是没怎么打扮的呢！

古代女人要是打扮起来，个个都是化妆高手，现在的小女生也只有观摩的份儿。

（三）

女子以白为美是千年不改的风俗，就好比现在的女性减肥一样，在古代，女性通过各种方式增白美容。古代有个奇葩的补身体概念叫“吃啥补啥”。要想增白就吃白色的食物。

元代妇女爱用“八白散”，即白丁香、白僵蚕、白牵牛、白蒺藜、白芨、白芷、白附子、白茯苓、皂角及绿豆。

方中白芨、白芷均为美容的关键成分。除了八白散，还有牵牛花的种子，有黑白两种，白的叫“白丑”，对于面黑、雀斑或粉刺等气血失于流畅有疗效。

总之是用八白散与蛋清或者黄瓜汁混合，敷在脸上，有“日用面如玉矣”的效果。

古代的名医们若没增白秘方，都不好意思外出行医。无论是《千金面脂方》还是《玉容散》，常见各医学经典中。

西门庆喜欢女人肤白，原因在于崇尚肤白是当时的流行趋势。

但是，崇尚肤白是套习，该破也得破。《金瓶梅》里的西门庆虽是喜欢肤白的，可并不耽搁他喜欢其他肤色的女性。

《金瓶梅》第 37 回，写王六儿：“生的长跳身材，紫膛色瓜子脸，不搽脂粉，自然体态妖娆。”第 42 回，王六儿所穿的衣着是：“紫潞绸袄儿，玄色一块瓦领披袄儿，白挑线绢裙子。”“老鸦段子纱绿锁线的平底鞋儿。拖的水鬓长长的，紫膛色，不十分搽铅粉，学个中人打扮，耳边带着了香儿。”

这种红中带黑的肤色，是今天一些外国人所推崇的小麦色。这肤色要是再涂上增白粉，简直没法看了，王六儿还有点自知之明，化了淡妆，也间接地给西门庆的品位留点面子。

《钱锺书手稿集·中文笔记》，摘录了《金瓶梅》第 33 回介绍王六儿的文字：“他（韩道国）浑家（老婆）乃是宰牲口王屠妹子，生得长挑身材，瓜子面皮紫糖，约二十八九年纪……”钱先生加批语曰：“孟玉楼之麻、王六儿之黑，皆选色及之，一破套习。”

套习是已破了，西门庆喜欢的肤色从白到黑，这跨度也忒大了。

单一的审美取向，会影响“阅尽人间春色”。西门庆的革命性举动，也证明了古代人对女性的审美也不全在于肤白。

家具，你已中毒，解药在此

中国数千年的文化大树，单挑哪一枝叶脉细捋，都绝对是博大精深的。当然，文化太博大精深也是有缺点的，有时连我们自己，也不是门门清啊。

咱国的不少支流文化，都成了外国人成名成家的素材。

明式家具的研究最初是外国人开始的，王世襄先生也有部专著，可以说是研究中国明式家具的。

中华文明实在浩繁，真研究不过来。加之后世人不求甚解，造成了许多谬误。几十年前，人们曾不屑一顾的明黄花梨等硬木家具，现在已屡创中国古典家具拍卖纪录。

但是，描写明代商业社会的奇书《金瓶梅》，却提出相反意见：

在大明朝，黄花梨家具虽算不上是家具中的低档货，地位也绝对没有今天这么高。

四百年前的审美，与今天竟有如此大的差异！

（一）

大明一朝，最牛的家具明明不是黄花梨木所制的。皇室贵族和士大夫都瞧不上什么黄花梨木的家具。使用那么便宜的材质做家具，埋汰谁呢？！

《金瓶梅》中写得最大、最值银子的家具是床。第 8 回，孟玉楼嫁西门庆，陪嫁的嫁妆有两张“南京描金彩漆拔步床”；第 9 回，西门庆为娶潘金莲买的“黑漆欢门描金床”；李瓶儿房中也安着一张“螺钿厂厅床”。

第 8 回，西门庆嫁闺女时：“就把孟玉楼陪来的一张南京描金彩漆拔步床陪了大姐。”

在明代，但凡是有身份的人，如果不陪送顶级的家具，简直是丢人现眼。

“描金彩漆”“螺钿”其实都是漆制家具产品的工艺。这样的床大都值五六十两银子，相当于买个三层到底的四合院的价钱。

《金瓶梅》第 29 回，西门庆大方地花了六十两银子为潘金莲买的“一张螺甸有栏杆的床。两边槅扇都是螺甸攒造，安在床内，楼台殿阁，花草翎毛。里面三块梳背，都是松竹梅岁寒三友”。

这么奢侈的东西是什么来头？

这螺钿漆器是神秘而又陌生的古老中国的文化。螺钿工艺的家具商代就有，是用螺蛳壳或贝壳镶嵌在漆层、硬木家具或雕镂器物的表面，做成各种有光泽的花纹和图形。

螺钿，又称“螺甸”“螺填”“罗钿”，在历史上也叫“钿螺”，是咱国特有的家具工艺瑰宝。明代的螺钿漆器主要产自江苏、广东、山西及山东。在当时，这等奢侈品绝对是顶级 A 货。

都说大明朝是黄花梨木家具的鼎盛时期，其实，这只能说是明朝末年的事儿。万历以后，“床橱几桌，皆用花梨、瘿木、乌木、相思木与黄杨木，极其贵巧，动费万钱，亦俗之一靡也”。

明末范濂是万历年间的松江华亭人，他的《云间据目钞》记载：“细木家伙，如书桌、禅椅之类，余少年不曾一见，民间只用银杏金漆方桌。”

“银杏”是明代人对杉木的叫法。范濂说的是哪里？苏州。“从吴门购之”，吴门即是苏州。“苏州样”是在明末兴起的，盛行于整个清代。

而《金瓶梅》所处的明代，南京、扬州、杭州还是商业中心，“苏州样”刚刚兴起，尚未风靡全国。大明，正是中国漆器家具集大成的时代。本邦现存唯一的一部漆工艺专著《髹饰录》，就汇成于明朝隆庆年间。

古代上层社会多用漆制家具。清代人写的《天水冰山录》记载：嘉靖四十一年，贪官严嵩被查，府中收缴的八千四百八十六件家具，多为漆制，仅有“素漆（髹漆后未加纹饰）、花梨木凉床四十张，每张估价银一两”，而“描金漆凉床”每张则估价为“银二两五钱”。

漆家具与黄花梨木同样都是凉床，价格却差了一倍多！

（二）

大明以漆制家具为主流。而黄花梨、紫檀等硬木，因不如软木易着漆，这类家具大多在江南边缘地区使用。

取料方便的杉、楠等软木，有香气、耐朽防蛀，其灰麻附着性强，缩胀率低和不易翘曲开裂，尤其适合于制作灰麻底漆饰家具的胎骨。

《金瓶梅》多涉家具，但每写到家具，皆为漆制。第 34 回，西门庆当官后，客厅和书房陈设：“放着六把云南玛瑙漆减金钉藤丝甸矮矮东坡椅儿，两边挂四轴天青衢花绫裱白绫边名人的山水……大理石心壁画的帮桌儿……正面悬着‘翡翠轩’三字。”“伯爵走到里边书房内，里面地平上安着一张大理石黑漆缕金凉床，挂着青纱帐幔，两边彩漆描金书厨，盛的都是送礼的书帕、尺头、几席文具，书籍堆满。绿纱窗下安放一只黑漆琴桌，独独放着一张螺甸交椅。”

里面唯一一个不是漆制家具的交椅，还是螺甸工艺制成的。这算是半漆器。

西门庆家的漆制家具大多数为彩漆描金的，富丽堂皇，很符合西门庆的身份。

“彩漆描金”，即在家具上用漆调彩色，在漆地上描画花纹，再在花纹上打金胶，用棉球着最细的金粉贴在花纹上。这种做法又称为

“描金”。

彩色漆地与金色花纹相衬托，绚丽华贵。这与我们印象中的明代文人的书房，一几一榻、一石一竹、硬木圈椅的简约风格截然相反。

明万历年间《工部厂库须知》，是大明工部“工程规章制度文件”。曾记录：“万历十二年（1584 年），御前传出红壳面揭帖一本，传造龙凤拔步床、一字床、四柱帐架床、梳背坐床各十张，地平（坪）、御踏等俱全。合用物件除会有鹰平木（指杉木）一千三百根外，其召买六项计银三万一千九百二十六两。”

用的是杉木——软木，这造的显然是漆器家具，并且一共花了三万多两银子造了几十张床，全花在工艺上了。

明人贺仲轼《两宫鼎建记》载：万历朝在重建被火灾焚毁的乾清、坤宁两宫时，“议买杉木，照得鹰、平、条、槀等木大工必用”。

“鹰”“平”“条”“槀”是对杉木材型不同部位的叫法，其中，“鹰”为鹰架木小材；“平”是平头杉，为杉主干部分。杉木在当时是真正的皇家专用木料，宫廷家具多是此材。

《金瓶梅》第 59 回，官哥死了，西门庆“拿出十两银子与贲四，教他快抬了一付平头杉板，令匠人随即儹造了一具小棺椁儿”。

这里的“平头杉板”就是平头杉。小孩子的棺椁用料有限，置办一口大概十两银子。

明山东鲁王朱檀墓（朱元璋第十子）曾出土过完整的朱漆酒桌，顶牙罗锅枨造型，杉木制胎，通体糊细麻布，披灰，髹朱漆，灰底坚实。

上有所好，下必甚焉。皇室御用是绝对的社会主流，也代表了一个时代的风向标。

（三）

“朱”是明朝的国姓，大明又以火德为崇，故明代红色极尊。明初，朱红、描金等为皇家公侯专用。一般士大夫想跟风都是违制的。官服（一至四品）为绯红色，府衙公用家具，亦多为朱红漆。

《大明会典》卷62记载：“洪武二十六年（1393年）定……（公、侯及以下官员）木器并不许用朱红及抹金、描金、雕琢龙凤纹……又令官员床面、屏风、槅子并用杂色漆饰（例如朱、黑双色漆间用），不许雕刻龙凤纹并金饰、朱漆。”

这是明初洪武时期明文规定的法律。但明中晚期，朝政制度混乱，僭越反成常态。

《金瓶梅》第45回，白皇亲送到西门家当铺的螺钿大理石描金屏风是“三尺阔、五尺高，可桌放的螺钿描金大理石屏风，端的是一样黑白分明……恰相好似蹲着个镇宅狮子一般。两架铜锣铜鼓，都是彩画金妆雕刻云头，十分齐整……两座架，做的这工夫！硃红彩漆，都照依官司里的样范”。

在明末，拥有和使用这样的朱红漆制家具的人，其身份与地位可见一斑，必须要摆出这样的范儿。

而《金瓶梅》第93回，写临清第一酒楼——谢家酒楼，里面有百十座阁，周围都是绿栏杆，前临官河。酒楼四周全是住租房的妓女。酒楼陈设是“乌木春台（饭桌），红漆凳子”。

1944年，在清华大学任教的德国人古斯塔夫·艾克出版了《中国花梨家具图考》，并将“谜一般完美”的明代平民家具推向世界。

当时，我们对这位在中国划拉破木头的老外嗤之以鼻。

20 世纪差不多 70 年的时间里，一个个外国人以不懈的研究和他们的价值观，告诉中国人：明代硬木家具是当时时兴的主流家具。

奇怪的是，富起来的现代人今天还真用金钱为此做了注释。